Agite

Ausgabe A

Arbeitsheft L. 1 – 25

Herausgegeben von: Jörgen Vogel
Benedikt van Vugt

Erarbeitet von: Barbara Beier
Thomas Dold
Sven Lorenz
Christoph Sauer
Karina Scholz
Jörgen Vogel
Benedikt van Vugt

Schöningh

Liebe Schülerinnen und Schüler!

Das Arbeitsheft zu den Lektionen 1–25 des Lehrwerks AGITE bietet euch abwechslungsreiche Übungen. Sie umfassen alle Bereiche des heutigen Lateinunterrichts und ermöglichen selbstständiges sowie kompetenzorientiertes Lernen ohne zusätzliche Hilfen und Materialien. Gefördert wird mit diesen Übungen Sprachkompetenz, Textkompetenz und Kulturkompetenz. Sie sind immer entsprechend gekennzeichnet.

Die Übungen orientieren sich an dem Material des Schülerbandes und befassen sich besonders mit dem Stoff der einzelnen Lektionen. Der Aufbau der Übungen zu jeder Lektion folgt dem Schema Wort, Form, Satz, Text: Am Beginn stehen Übungen zum Wortschatz und zu Formen, die euch helfen, den neuen Stoff zu festigen und zu vertiefen. Danach folgen Übungen zur Textkompetenz. Dabei geht nicht mehr nur um einzelne Formen, sondern ihr müsst überlegen, welche Form in den Zusammenhang des Satzes und des Textes passt. In regelmäßigen Abständen gibt es auch Übungen zur Kulturkompetenz („Grundwissen antike Kultur"). Der Aufbau der Lektionen nach einzelnen Kompetenzniveaus und -bezeichnungen bedeutet, dass jede Lektion immer mit leichteren Übungen beginnt. Die differenzierten Aufgaben ermöglichen es jedem von euch, die Übungen zu bearbeiten, die seinem festgestellten Wissensstand entsprechen.

Neben jeder Übung ist ein kleiner Lorbeerkranz gezeichnet. Wenn ihr die jeweilige Aufgabe erfolgreich gelöst habt, könnt ihr die Blätter grün ausmalen: Ihr habt euch einen Lorbeerkranz errungen!

Am Ende jeder Sequenz, also nach jeder Plateaulektion, gibt es einen Bewertungsbogen, mit dessen Hilfe ihr euer Wissen und eure Kompetenzen eigenständig überprüfen und einschätzen könnt. Dies hilft jedem von euch, selbst seine Stärken und Schwächen zu erkennen. Deshalb solltet ihr diese Tabellen auf jeden Fall ausfüllen. Wenn eure Kenntnisse und Kompetenzen nur noch teilweise sicher sind oder sogar Lücken ausweisen, raten wir euch, die Übungen im Schülerband (SB) und im Arbeitsheft (AH), die in der rechten Spalte angegeben sind, zu wiederholen. Den Selbsttest könnt ihr übrigens nach einer gewissen Zeit wiederholen und dadurch euren Kenntnisstand in den Kompetenzen Sprache, Text, Kultur und Methoden überprüfen.

Wir wünschen euch mit dem AGITE-Arbeitsheft freudiges Lernen und erfolgreiches Gelingen.

www.schoeningh-schulbuch.de
Schöningh Verlag, Jühenplatz 1–3, 33098 Paderborn

Druck 5 4 3 2 1 / Jahr 2018 17 16 15 14
Die letzte Zahl bezeichnet das Jahr dieses Druckes.

Umschlaggestaltung: Nora Krull, Bielefeld
Umschlagabbildung: © Paul Hardy/Corbis
Illustrationen: Maja Wagner, Münster
Druck und Bindung: westermann druck GmbH, Braunschweig

ISBN 978-3-14-010427-2

Lektion 1

Formen erkennen

1 **Versteckte Wörter – In dem Quadrat sind 14 Vokabeln aus Lektion 1 versteckt. Sie finden sich waagrecht (von links nach rechts) und senkrecht (von oben nach unten). Markiere sie jeweils in dem Quadrat und schreibe sie dann mit Übersetzung heraus:**

C	U	R	E	I	N	A	I
E	S	T	T	V	O	P	A
S	A	L	V	E	N	I	M
S	C	T	A	N	D	E	M
A	D	O	M	I	N	U	S
R	I	S	E	R	V	A	U
E	U	G	D	E	R	T	B
F	A	M	I	L	I	A	I

Formen zuordnen

2 **Welche Wortart ist das? Ordne die lateinischen Wörter richtig zu:**

diu – domina – exspectare – filius – gaudere – iam – salutare – serva – servus – tandem – venire

Verb	Substantiv	Adverb

Formen analysieren und übersetzen

3 **Unterstreiche in den folgenden Sätzen bei allen Prädikaten den Verbstamm rot und die Personenendung blau und übersetze dann die Sätze:**

a) Quintus venit. ______________________________

b) Nonia salutat. „Salve!“ ______________________________

c) Nonia gaudet. ______________________________

d) Dominus exspectat. ______________________________

e) „Cur servus cessat? ______________________________

f) Cur non appropinquat?“ ______________________________

g) Tandem servus venit. ______________________________

Formen bilden

4 **Konjugation gesucht – Nenne zu den folgenden Verbformen den Verbstamm. Gib an, zu welcher Konjugation das Verb jeweils gehört, und bilde dann den Infinitiv (mit Übersetzung):**

	Verbstamm	Übersetzung	Konjugation	Infinitiv	Übersetzung
intrat					
gaudet					
salutat					
venit					
exspectat					
appropinquat					

Formen bilden im Kontext

5 **Der Zahn der Zeit – Diese alte Handschrift ist leider nicht mehr ganz vollständig erhalten. Ergänze die fehlenden Buchstaben und übersetze dann die Sätze:**

Famil__ iam ex____ctat. Serv__ _on veni_. Cur c____at? Tan__m Eutychus serv__ appro__nqu__, int__t, sa___at. Do__nus ga__et, eti__ domin_ gau____.

Begriffe nennen – Antike Kultur

6 **Wie gut kennst du schon die römische familia? – Setze die richtigen lateinischen Begriffe für die einzelnen Personen zu den Zeichnungen:**

Lektion 2

Formen erkennen

1 **Versteckte Wörter – In dem Quadrat sind 14 „kleine“ lateinische Wörter versteckt. Sie finden sich waagrecht (von links nach rechts) und senkrecht (von oben nach unten). Markiere sie jeweils und schreibe sie dann mit Übersetzung heraus:**

U	S	T	A	N	D	E	M
R	U	E	S	E	I	X	U
I	B	I	E	T	U	B	I
A	I	Q	H	I	C	O	L
M	T	H	O	A	P	K	N
T	O	C	D	M	N	F	T
V	Q	U	I	D	O	T	A
B	I	R	E	X	N	A	M

Formen erkennen und zuordnen

2 **Ordnung hilft beim Lernen. – Du hast inzwischen schon einige Verben kennengelernt, die man nach Oberbegriffen zusammenfassen kann: Es gibt z.B. Verben, die eine Bewegung ausdrücken, Verben, die eine Gefühlsäußerung bezeichnen, und Verben, die eine sprachliche Äußerung beschreiben. Trenne die folgenden Infinitive voneinander. Ordne die Infinitive dann unter den richtigen Oberbegriffen ein und übersetze sie:**

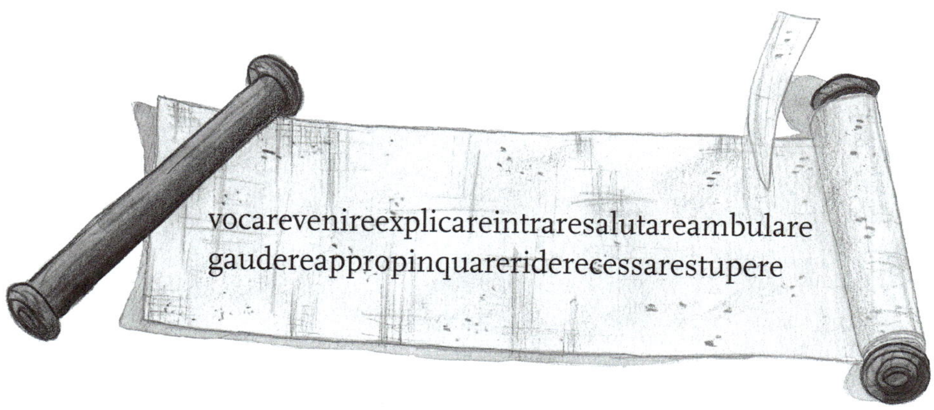

Bewegung	Gefühlsäußerung	sprachliche Äußerung

Formen zuordnen

3 **Verbformen gesucht – Ergänze die fehlenden Verbformen und übersetze sie:**

Infinitiv Präsens	3. Person Singular	3. Person Plural
vocare		
	ridet	
		cenant
	dormit	
gaudere		
		veniunt
	intrat	
		tacent

Formen bilden im Kontext

4 **Wer macht was? – Bilde aus den Wörtern sinnvolle Sätze und übersetze sie:**

a) Nonia, Quintus, ridere ______________________________

____

b) Eutychus, salutare ______________________________

____

c) Davus, cenare ______________________________

____

d) Eutychus, Davus, dormire ______________________________

____

e) Dominus, domina, ambulare ______________________________

____

5 **Der Zahn der Zeit – Diese alte Handschrift ist leider nicht mehr ganz vollständig erhalten. Ergänze die fehlenden Buchstaben und übersetze dann die Sätze:**

Quint__ __ iam diu exspect__ __, nam Eutych__ __ non veni__.

Tandem appropinqua__. Domin__ et domin__ __ gaude__ __,

nam Marc__ __ et Aureli__ veni__ __ __. Amic__ intra__ __

et saluta__ __. Tum famili__ et amic__ cena__ __.

Lektion 3

Formen erkennen

1 Vorsicht Falle! – Welches Wort fällt aus der Reihe? Begründe deine Wahl.

a) theatra, monumenta, taberna, templa, fora ____________________

b) servum, frumentum, hortum, dominum, amicum ____________________

c) domina, serva, filia, statua, vina ____________________

d) templum, tum, autem, statim, enim ____________________

Formen zuordnen

2 Die Unvollendeten – Welche Endung passt zu welchem Wort? Ergänze und bestimme jeweils die Form:

a) templ __ ____________________

b) vide __ __ ____________________

c) serv __ __ ____________________

d) statu __ __ ____________________

e) audi __ ____________________

f) frument __ __ ____________________

g) Marc __ __ ____________________

-am
-nt
-us
-a
-um
-t
-os

3 Latein in unserer Sprache – Nenne die lateinischen Wörter, die in den folgenden deutschen Fremdwörtern enthalten sind, und übersetze sie:

parieren: parere, gehorchen

statisch: ____________________

Video: ____________________

monumental: ____________________

Audio: ____________________

spektakulär: ____________________

Labor: ____________________

Vokal: ____________________

Formen bilden

4 **Kasuswechsel – Ergänze die jeweils fehlenden Formen:**

Nominativ Singular	Akkusativ Singular	Nominativ Plural	Akkusativ Plural
domina			
	templum		
		servi	
			vina
		portae	
hortus			

Formen erkennen im Kontext

5 **Satzglieder gesucht – Unterstreiche in den folgenden Sätzen jeweils das Prädikat rot, das Subjekt blau und das Akkusativobjekt grün. Übersetze dann die Sätze:**

a) Domina servos vocat. ______

b) Servi parent et properant. ______

c) In foro[1] templa et statuae sunt. ______

d) Eutychus servus templa et statuas spectat. ______

______

e) Davus autem Eutychum monet: ______

f) „Dominus et domina servos iam diu exspectant.“ ______

______

[1] in foro: auf dem Forum

Formen bilden im Kontext

6 **Viele Fälle – Wie viele Sätze kannst du jeweils bilden? Finde jeweils mindestens acht Möglichkeiten. Könner schaffen insgesamt 16 (a) bzw. 32 (b) Sätze.**

a) Domin____ amic____ mone____

b) Fili____ serv____ audi____

Lektion 4

Formen erkennen

1 **Ordne nach Verben und Substantiven – Bestimme die Verben nach Person und Numerus, die Substantive nach Kasus, Numerus und Genus:**

fabulas – laudas   apportas – portas   dominis – dormis   monetis – monumentis
tabernis – tacetis   venitis – verbis   cenas – cenas

Verb	Substantiv
laudas: 2. Pers. Sg. von laudare, loben	fabulas: Akk. Pl. fem. von fabula, die Geschichte

Formen bilden

2 **Bilde jeweils die angegebene Form und übersetze sie:**

amicus (Dat. Plur.) ____________________

statua (Dat. Sing.) ____________________

templum (Akk. Plur.) ____________________

forum (Akk. Plur.) ____________________

filia (Akk. Sing.) ____________________

porta (Dat. Sing.) ____________________

theatrum (Dat. Sing.) ____________________

dominus (Akk. Plur.) ____________________

3 **Nenne jeweils den Verbstamm und bilde die 2. Person Singular und Plural:**

Infinitiv	Verbstamm	2. Person Singular	2. Person Plural
venire			
respondere			
amare			
spectare			
audire			

4 **Nenne jeweils den Verbstamm und bilde die 1. Person Plural und den Infinitiv:**

1. Person Singular	Verbstamm	1. Person Plural	Infinitv
ambulo			
dormio			
intro			
paro			
pareo			

Formen bilden im Kontext

5 **Forme Subjekt und Prädikat in den Plural um und übersetze dann die Sätze:**

Filia dormit. ______________________________

Servus venit. ______________________________

Domina servas monet. ______________________________

____

Filius templum videt. ______________________________

____

Fabula amico non placet. ______________________________

____

Dominus filiis fabulam explicat. ______________________________

____

Lektion 5

Formen erkennen

1 Vorsicht Falle! – Welches Wort gehört nicht in die Reihe? Begründe deine Wahl:

a) properas, tabulas, imperas, recitas ____________________

b) vina, vexa, voca, roga ____________________

c) saluta, lauda, fora, narra ____________________

d) responde, gaude, appare, saepe ____________________

e) laudo, subito, saluto, clamo ____________________

f) frumentum, templum, hortum, theatrum ____________________

Formen zuordnen

2 Vokativ, Imperativ oder etwas anderes? – Übertrage die folgenden Formen in die passende Tabellenspalte:

mone – monumenta – mane – serva – salve – specta – serve – amici – audi – amice – filia – fili – filii – templa – domina – domine – domini – hodie – Luci – veni – vide – valde – intra – recita – reperi – Corneli – frumenta

Vokativ Singular a-Deklination			
Imperativ Singular a-Konjugation			
Nominativ Plural o-Deklination neutrum			

Vokativ Singular o-Deklination auf -us			
Imperativ Singular e-Konjugation			
Adverb			

Vokativ Singular o-Deklination auf -ius			
Vokativ Plural o-Deklination			
Imperativ Singular i-Konjugation			

Formen bilden

3 **Ergänze die folgende Tabelle mit den passenden Formen:**

Infinitiv	Verbstamm	Imperativ Singular	Imperativ Plural
			laborate!
		recita!	
	ride-		
dormire			

Einen Text bearbeiten

4 **Setze das richtige Satzzeichen, bestimme die Satzart und übersetze:**

a) Ubi statuae sunt

b) Familia convivas iam diu exspectat

c) Properate et videte, amici

d) Cur hodie non laboras, fili

e) Domino aquam apporta

f) Hic templa et statuas videtis

g) Properate, amici

h) Quid tam diu cessatis

i) Servi domino parent

Plateaulektion 1 –5

Formen erkennen

1 Vorsicht Falle! – Welches Wort fällt aus der Reihe? Begründe deine Wahl.

a) epistulam, tabulam, etiam, curam, cenam ____________________

b) servas, dominas, filias, vocas, statuas ____________________

c) libelli, reperi, vini, horti, filii ____________________

d) dormio, venio, atrio, reperio, audio ____________________

e) exspectatis, gaudetis, dormitis, reperitis, frumentis ____________________

f) serve, vide, stupe, tace, ride ____________________

Begriffe zuordnen – Antike Kultur

2 Römischer Alltag – Ordne die lateinischen Begriffe richtig zu:

convivium – familia – forum Romanum – libellus – taberna – tabula et stilus – tablinum – triclinium

a) Oberbegriff für alle Personen, die gemeinsam in einem römischen Haushalt leben: ____________________

b) Speisezimmer eines römischen Hauses: ____________________

c) Arbeitszimmer eines römischen Hauses: ____________________

d) wichtigster Marktplatz in Rom: ____________________

e) Laden oder Wirtshaus in Rom: ____________________

f) Großes Gastmahl mit Freunden: ____________________

g) Unentbehrliche „Werkzeuge“ für kurze Notizen: ____________________

h) kleine Buchrolle: ____________________

Formen bilden

3 Indikativ oder Imperativ? – Bilde zu den Infinitiven jeweils den Verbstamm, trage dann die 2. Person Plural Indikativ Präsens und den Imperativ Plural ein:

Infinitiv	Verbstamm	2. Pers. Plur. Ind. Präs.	Imperativ Plural
adiuvare			
respondere			
venire			

Infinitiv	Verbstamm	2. Pers. Plur. Ind. Präs.	Imperativ Plural
apparere			
amare			
reperire			

Einen Text bearbeiten

4 **Abfragen führt zum Ziel. – Frage die folgenden Sätze nach dem Schema ab, das du im Schülerband auf S. 34 kennengelernt hast. Trage die Satzglieder in die Tabelle ein und übersetze dann in deinem Heft:**

a) Servi Marco litteras apportant.

Subjekt	Dativ-Objekt	Akkusativ-Objekt	Prädikat

b) Marcus litteras amicis recitat:

Subjekt	Dativ-Objekt	Akkusativ-Objekt	Prädikat

c) „Lucius convivium convivis parat.

Subjekt	Dativ-Objekt	Akkusativ-Objekt	Prädikat

d) Servi laborant, servae cibos domino parant."

Subjekt	Dativ-Objekt	Akkusativ-Objekt	Prädikat

Informationen suchen – Antike Kultur

5 **Informiere dich im Lexikon oder im Internet, wie in der Antike eine Papyrusrolle hergestellt wurde. Informiere dich außerdem, welche Münzen zur Zeit des Kaisers Augustus in Gebrauch waren und welchen Wert sie etwa hatten.**

Das kann ich schon!

Mit diesem Test kannst du selbst prüfen, wie sicher du den Stoff der Lektionen 1–5 beherrschst und anwenden kannst. Die Ziffern am linken Rand geben dir einen Hinweis, wo du in der Grammatik bei der entsprechenden Lektion nachschlagen kannst.
Kreuze zuerst an, wie gut du nach deiner eigenen Einschätzung die verschiedenen Anforderungen erfüllen kannst: sicher, teilweise sicher oder nicht sicher.
In der rechten Spalte sind die Übungen im Schülerband (SB) und im Arbeitsheft (AH) angegeben, mit denen du dann die jeweiligen Aufgaben gezielt bearbeiten kannst, um deine Kompetenzen zu verbessern. Viel Erfolg!

1. Sprachkompetenz

		sicher	teilweise sicher	nicht sicher	
1	Ich kann eine Form als Infinitiv erkennen und den Infinitiv selbstständig bilden.				**SB** S. 13, Ü 3/S. 19, Ü 4 **AH** S. 4, Ü 4/S. 13, Ü 4/ S. 15, Ü 3
1	Ich kann aus dem Infinitiv die 3. Person Singular bilden und die Form übersetzen.				**SB** S. 13, Ü 1/S. 14, Ü 1/S. 15, Ü 4 **AH** S. 4, Ü 3, Ü 5
1	Ich kann Substantive in die richtige Deklination und Verben in die richtige Konjugation einordnen.				**SB** S. 14, Ü 3/S. 15, Ü 6/S. 23, Ü 4 **AH** S. 4, Ü 4
2	Ich weiß, dass Verb und Substantiv im gleichen Numerus stehen müssen.				**SB** S. 13, Ü 2/S. 15, Ü 5 **AH** S. 4, Ü 5/S. 8, Ü 5
2	Ich kann die 3. Person Plural bilden und die Form übersetzen.				**SB** S. 17, Ü 2/S. 19, Ü 5, Ü 6 **AH** S. 7, Ü 3
2	Ich kann von den Substantiven der a- und der o-Deklination den Nominativ Plural bilden und übersetzen.				**SB** S. 17, Ü 1, Ü 2/ S. 19, Ü 6
1	Ich kenne schon verschiedene Wortarten und kann die Wörter entsprechend einordnen.				**SB** S. 18, Ü 1
3	Ich kann die Substantive der a- und o-Deklination in den Nominativ und Akkusativ (im Singular und Plural) setzen und die Formen übersetzen.				**SB** S. 21, Ü 1, Ü 2/S. 23, Ü 2, Ü 3 **AH** S. 9, Ü 2/S. 10, Ü 4
3	Ich kann nach dem Akkusativ fragen und kenne seine Funktion im Satz.				**SB** S. 21, Ü 2
4	Ich kenne alle Personalendungen der Verben der a-, e- und i-Konjugation und kann die Verben konjugieren.				**SB** S. 25, Ü 1, Ü 3/S. 27, Ü 2–4 **AH** S. 12, Ü 1/S. 13, Ü 3–5
4	Ich kann die Substantive der a- und o-Deklination in den Nominativ, Akkusativ und Dativ (im Singular und Plural) setzen und die Formen übersetzen.				**SB** S. 25, Ü 2, Ü 3/S. 27, Ü 3, Ü 5 **AH** S. 12, Ü 1, Ü 2/S. 13, Ü 5
4	Ich kann nach dem Dativ fragen und kenne seine Funktion im Satz.				**SB** S. 27, Ü 6

5	Ich kann von den Verben der a-, e- und i-Konjugation den Imperativ Singular und Plural bilden.				**SB** S. 29, Ü 1, Ü 3/S. 30, Ü 4/S. 31, Ü 5 **AH** S. 15, Ü 3
5	Ich kann von den Substantiven der a- und o-Deklination den Vokativ im Singular und Plural bilden.				**SB** S. 29, Ü 2, Ü 3/S. 30, Ü 4/S. 31, Ü 5
5	Ich kann den Unterschied zwischen Vokativ und Imperativ erkennen und erklären.				**AH** S. 14, Ü 2
5	Ich kenne mindestens zwei verschiedene Satzarten.				**SB** S. 30, Ü 1, Ü 3 **AH** S. 15, Ü 4
1	Ich kenne die Wortarten – Verb – Substantiv – Adverb.				**SB** S. 31, Ü 5 **AH** S. 3, Ü 2/S. 14, Ü 2

2. Textkompetenz

	Ich verstehe einfache lateinische Sätze, kann sie übersetzen und ihren Inhalt anhand von Fragen wiedergeben. Ich kann einfache Sätze selbst formulieren.				**SB** S. 22, Ü 1/S. 26, Ü 1/S. 31, Ü 6 **AH** S. 7, Ü 4/S. 11, Ü 6

3. Kulturkompetenz

	Ich kann die Mitglieder einer römischen Familie nennen.				**SB** S. 14, Ü 2 **AH** S. 5, Ü 6
	Ich kann beschreiben, wie ein römisches Stadthaus aussah und welche Räume es hatte.				**SB** S. 18, Ü 2/S. 19, Ü 8
	Ich kann die wichtigsten Märkte und Plätze des antiken Rom nennen und finde sie auf einer Karte wieder.				**SB** S. 23, Ü 5
	Ich weiß, was und wie die Römer aßen.				**SB** S. 23, Ü 6/S. 27, Ü 7
	Ich weiß, welche Materialien die Römer zum Schreiben verwendeten und wie ihre Bücher aussahen.				**SB** S. 28/S. 32

4. Methodenkompetenz

	Ich kann die Vokabeln aus der Vokabelliste zu verschiedenen Sachfeldern zusammenfassen.				**AH** S. 6, Ü 1, Ü 2/S. 9, Ü 1/S. 14, Ü 1
	Ich kann folgende Satzglieder abfragen: – Subjekt – Prädikat – Akkusativ-Objekt – Dativ-Objekt.				**SB** S. 21, Ü 2/S. 27, Ü 6/S. 31, Ü 7 **AH** S. 10, Ü 4

Lektion 6

Formen erkennen

1 Vorsicht Falle! – Welches Wort gehört nicht in die Reihe? Begründe deine Wahl.

a) fori, amici, veni, dei ______

b) ciborum, templorum, forum, amicorum ______

c) scis, servis, statuis, spectaculis ______

d) amicarum, fabularum, portarum, simulacrum ______

Formen bilden

2 Besitzer gesucht. – Überlege, wer der Besitzer ist, und bilde entsprechend das Genitiv-Attribut:

Beispiel: serva – Calpurnia	serva Calpurniae	die Sklavin der Calpurnia/Calpurnias Sklavin
equus – Cornelius	______	______
Iulia – libellus	______	______
filius – Lucius Nonius	______	______
servi – lecti	______	______
dei – templum	______	______
simulacra – deae	______	______

3 Wechselspiel – Wechsle jeweils vom Singular in den Plural (und umgekehrt) und übersetze dann die neu gebildeten Formen:

templum dei	______	______
portae templorum	______	______
simulacrum dei	______	______
ludus filii	______	______
epistulae amicae	______	______

4 **Kasus-Wechsel – Vervollständige die Tabelle:**

Nom. Sg.	Gen. Sg.	Akk. Sg.	Nom. Pl.	Gen. Pl.	Akk. Pl.
ludus					
	dei				
		spectaculum			
			filii		
				equorum	
					simulacra

Im Kontext zuordnen

5 **Hier ist einiges durcheinandergeraten. – Ordne die Namen richtig zu. Übersetze dann die Aussagen:**

1. Minerva — a) filia Calpurniae est. ____________________
2. Eutychus — b) nuntius deorum est. ____________________
3. Nonia — c) domina Cynthiae est. ____________________
4. Mercurius — d) dea sapientiae est. ____________________
5. Calpurnia — e) filius Calpurniae est. ____________________
6. Quintus — f) servus Nonii est. ____________________

Wörter sammeln zum Sachfeld

6 **Trage in den einzelnen Kästchen die entsprechenden lateinischen Wörter ein. Du kannst dich dabei am Lesestück und Einleitung der Lektion 6 orientieren.**

Circus Maximus

Was sehen die Zuschauer vor den Wettkämpfen? (Substantive)
____

Was findet dort statt? (Substantive)
____
____

Was machen die Zuschauer? (Verben)
____
____

Wo kämpfen die Gespanne? (Substantive)
____
____

Wer nimmt teil? (Substantive)
____
____

Lektion 7

Formen erkennen

1 **Vorsicht Falle! – Welches Wort gehört nicht in die Reihe? Begründe deine Wahl.**

a) amicam, familiam, bonam, dominam, servam ____________________

b) fidum, vinum, magnum, fessum, bonum ____________________

c) enim, nam, iam, sum, tum ____________________

d) iucundo, magno, vario, mando, praeclaro ____________________

e) estis, nuntiis, ludis, equis, copiis ____________________

Formen zuordnen

2 **Wer passt zu wem? – Ordne die Adjektive sinnvoll zu und übersetze die Sätze:**

varii – fessus – fidus – fessa – iucundum

a) Marcus ____________ est.

____

b) Etiam Nonia ____________ est.

____

c) Eutychus servus ____________ est.

____

d) Thermas visitare ____________ est.

____

e) Ludi ____________ sunt.

____

Formen bilden im Kontext

3 **Setze die Adjektive in die richtige Form und übersetze die Sätze:**

a) Lucius Nonius et Quintus filius ludos visitant. Lucius: „Amo ludos ____________ (praeclarus).“

____

____

b) Quintus: „Ego ____________ (magnus) copiam equorum amo.“

____

c) ______________ (magnus) turba Romanorum circo appropinquat et intrat.

____

____

d) Servi simulacra ______________ (praeclarus) deorum et dearum apportant.

____

____

e) Tum Lucius et Quintus ______________ (multi) equos vident.

____

4 Setze Subjekt und Prädikat in den Plural und übersetze dann die Sätze:

a) Amicus fidus est. ______________________________

____

b) Etiam amica fida est. ______________________________

____

c) Servus bonus est. ______________________________

____

d) Templum magnum est. ______________________________

____

e) Cena iucunda est. ______________________________

____

f) Theatrum praeclarum est. ______________________________

____

g) Cibus varius est. ______________________________

____

Einen Text bearbeiten

5 **Wortart und Satzglied – Unterscheide und bestimme, indem du die entsprechenden Begriffe in die Tabelle einträgst. Übersetze anschließend den Satz.**

Wortart				
Beispielsatz	Marcus et Quintus	thermas	praeclaras	visitant.
Satzglied				

Übersetzung: ______________________________

Wortart			
Beispielsatz	Thermae	praeclarae	sunt.
Satzglied			

Übersetzung: ______________________________

Wortart			
Beispielsatz	Ambulare	iucundum	est.
Satzglied			

Übersetzung: ______________________________

Wortart					
Beispielsatz	Amici	togas et tunicas	servo	fido	mandant.
Satzglied					

Übersetzung: ______________________________

Wortart			
Beispielsatz	Servus	bonus	est.
Satzglied			

Übersetzung: ______________________________

Lektion 8

Formen erkennen

1 **Ablativ gesucht – Suche die Substantive heraus, bei denen es sich um Ablative handeln kann, und trage sie an den entsprechenden Stellen in die Tabelle ein. Bestimme die übriggebliebenen Formen mündlich nach Kasus und Numerus.**

aedificia – fabula – filiam – otium – nuntio – domino – dominae – amice – equis – tabulis – viis – verbi – vino – imperio – iniuria – convivia – conviva – curas – frumento – gaudiis – templis – hortis – deae – deo – orno – litteris – cibis – audis – verbis

	a-Deklination	o-Deklination masc.	o-Deklination neutr.
Ablativ Singular			
Ablativ Plural			

Formen bilden

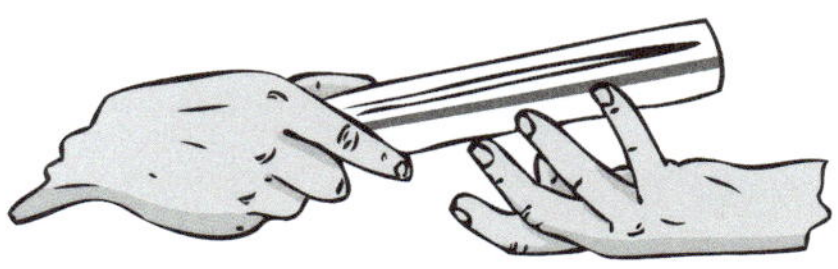

2 **Formenstaffel – Bilde die angegebenen Kasus:**

aedificium antiquum → ______________________
Dativ

→ ______________________ Plural

→ ______________________ Akkusativ

→ ______________________ Singular

→ ______________________ Genitiv

→ ______________________ Plural

→ ______________________ Ablativ

→ ______________________ Singular

→ ______________________ Nominativ

Formen bilden und im Kontext zuordnen

3 **Lückenfüller – Setze die Substantiv-Adjektiv-Verbindungen in den Ablativ. Füge sie dann an den passenden Stellen in die folgenden Sätze ein und ergänze die lückenhaften Übersetzungen:**

multa verba – multae curae – nuntius bonus – pecunia necessaria – cibi varii – vinum

Te ______________________ libero. – Ich ______________________ von vielen Sorgen.

______________________ caremus. – ______________________ das notwendige Geld nicht.

Convivae ______________________ fessi sunt. – Die Gäste sind ______________________ müde.

Servae ______________________ cenam parant. – Die Sklavinnen bereiten ______________________

______________________ vor.

Dominus filium ______________________ laudat. – Der Herr lobt ______________________

____

Domina ______________________ valde gaudet. – Die Herrin ______________________

____

Formen in den Kontext setzen

4 **Spaziergang durch Rom – Heute sind von den Bau- und Kunstwerken des alten Roms nur noch Ruinen erhalten. Schau dir die Bilder an und stell dir vor, wie das Gezeigte in der Antike ausgesehen haben mag. Beschreibe, was dort geschieht, indem du die unten stehenden Wörter in die Sätze einfügst und diese übersetzt.**

a) Hic videtis ______________________ Maximum.

Ibi Nonia et Quintus equos ______________________.

____

____

____

____

b) Hic est templum ______________________.

Romani saepe ______________________ et deas rogant.

____

____

____

____

c) Basilica ______________ est.

____

____

____

____

d) ______________ Romanum medium imperii ______________ est.

____

____

____

____

e) ______________ praeclarae Romanis ______________ placent.

____

____

____

____

Fotos (6): Sven Lorenz

f) Nonia et Quintus tabernas non ______________ nam ______________ carent.

____

____

____

____

ANTIQUUM – CIRCUM – DEOS – FORUM – MAGNA – PECUNIA – ROMANI – SPECTANT – STATUAE – VALDE – VISITANT

Lektion 9

Formen erkennen

1 **Versteckte Wörter – Entziffere die Präpositionalausdrücke, schreibe sie heraus und übersetze sie dann:**

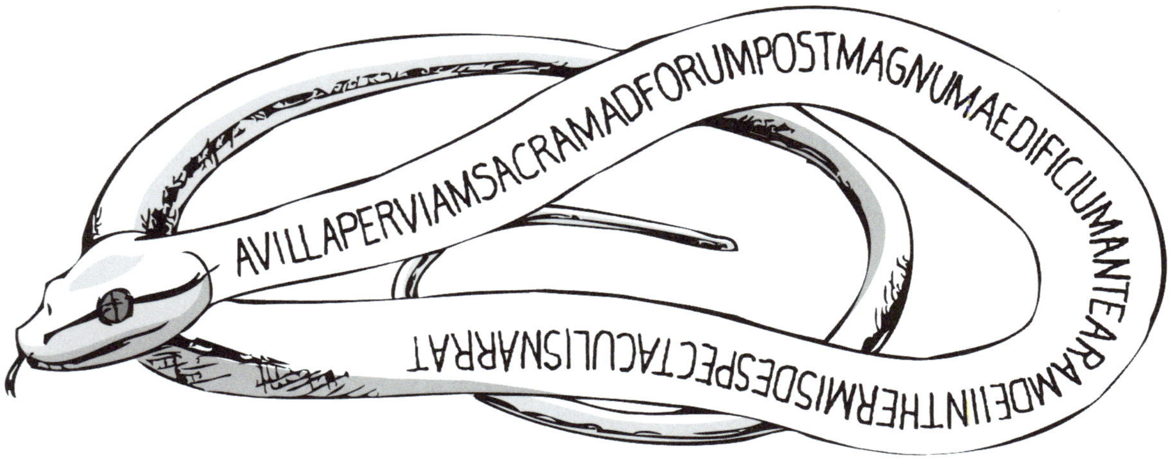

2 **Vater und Sohn – Bestimme die Substantive nach KNG und ersetze sie dann jeweils durch die entsprechenden Formen von vir et puer:**

dominus et filius	Kasus, Numerus, Genus	vir et puer
domini et filii		
dominum et filium		
cum domino et filio		
dominorum et filiorum		
dominos et filios		
dominis et filiis		

Formen bilden

3 Adjektiv sucht Substantiv – Ordne die Adjektive den richtigen Substantiven zu. Bilde dann den Nominativ Singular und übersetze diese Wendung:

1. templa 2. puellam 3. simulacrorum 4. virum 5. gaudio 6. aedificii 7. in lecto
a) clarum b) sinistri c) sacra d) dextro e) pulchram f) magno g) dextrorum

Substantiv mit Adjektiv	Nominativ Singular	Übersetzung

Formen bilden im Kontext

4 Präpositionen gesucht – Bilde mit den Wörtern jeweils sinnvolle Sätze und übersetze sie:

vir – femina – forum – esse

Davus – Eutychus – forum – templum – properare

templum – summus deus –
statua – spectare

Davus – Eutychus – summus deus – narrare

Wörter sammeln zum Sachfeld

5 **Trage in den einzelnen Kästchen die entsprechenden lateinischen Wörter ein. Du kannst dich dabei am Lesestück und an der Einleitung der Lektion 9 orientieren:**

Dei Romani

Wie verehren die Römer die Götter? (Verben)

Die Orte, an denen die Götter verehrt werden:

Die Namen der wichtigsten römischen Götter:

Das sollen die Götter für die Römer tun (Verben):

Lektion 10

Formen zuordnen

1 **Vorsicht bei -am und -as! – Bestimme die Wörter und ordne sie nach Verben und Substantiven. Trage dann die Wörter in die entsprechende Spalte ein:**

superabam – audaciam – filiam – monebam – eram – curam – narrabas – appropinquabas – puellas – curas – eras – deas – audiebas – amicas

Verben	
1. Person Singular Imperfekt	2. Person Singular Imperfekt

Substantive	
Akkusativ Singular femininum	Akkusativ Plural femininum

Formen bilden

2 **Wandle um:**

a) arcebam → 1. P. Pl. → 3. P. Sg. → 3. P. Pl. → 2. P. Sg. → 2. P. Pl. → Infinitiv Präsens

b) erant → 2. P. Sg. → 1. P. Pl. → 1. P. Sg. → 3. P. Sg. → 2. P. Pl. → Infinitiv Präsens

c) superare → 3. P. Sg. Impf. → Präsens → 3. P. Pl. → Impf. → 1. P. Sg. → Präsens → 2. P. Sg. → Impf. → 2. P. Pl. → Präsens → Imperativ Pl. → Infinitiv Präsens

____

____

____

3 **Silbenrätsel – Füge die einzelnen Silben so zusammen, dass Verbformen mit den angegebenen deutschen Bedeutungen entstehen:**

nar – ri – be – da – di – ra – strat – re – ar – pe – mon – mo – tis – e – ce – mus – unt – de – ras – ba – a – bant – ra – su – bas – ha – tis – e – au – bat – pe

ihr gabt: ____________________

du warst: ____________________

ihr erzählt: ____________________

sie finden: ____________________

sie hatten: ____________________

sie zeigt: ____________________

ich liebe: ____________________

du hörtest: ____________________

wir wehren ab: ____________________

er übertraf: ____________________

Einen Text bearbeiten

4 **Ablativ-Vielfalt – Setze die passende Wendung ein, bestimme die jeweilige Ablativ-Funktion und trage die richtige Bezeichnung des Ablativs ein. Übersetze dann die Sätze:**

a templo – multis verbis – magno cum gaudio – a Roma – auxilio – magna cum audacia

Folgende Ablative kommen (teilweise mehrfach) vor:
ablativus causae – ablativus modi – ablativus separativus – ablativus instrumenti

a) Lucius et Quintus ____________________ per forum ambulant.

Funktion des Ablativs: ____________________

Übersetzung: ____________________

____

b) Nonius filio aedificia fori ____________________ explicat.

Funktion des Ablativs: ____________________

Übersetzung: ____________________

____

c) Tum in Capitolium ambulant. Lucius: „Ante multa saecula Romani Gallos ____________________

____ summi dei arcebant.

Funktion der Ablative: ____

Übersetzung: ____

____

d) Iuppiter semper adversarios ____ prohibet."

Funktion des Ablativs: ____

Übersetzung: ____

____

e) Quintus: „Summo deo sacrificamus; nam ____________________________________ dei gaudeo."

Funktion des Ablativs: ____

Übersetzung: ____

____

Formen bilden und im Kontext einsetzen

5 Ordne die Adjektive sinngemäß einem Substantiv zu, bilde die richtige Form und übersetze die Sätze.

altus – Romanus – sacer – multi – bonus – pulcher

a) ____________________________ Galli Romae appropinquant.

____

b) Galli forum ________________________ occupant et templa ________________________ delent.

____

____

c) Muros ________________________ Capitolii superare parant.

____

d) Sed Romani __________________ adversarios a templo ______________________ arcent et fugant.

____

____

Plateaulektion 6 – 10

Formen erkennen

1 **Substantiv oder Verb? – Ordne die folgenden Wörter in der Tabelle nach Substantiven und Verben und bestimme sie jeweils genau:**

a) adversario – pervenio – deleo – deo – do – dono – magistro – supero

Substantiv	Verb

b) das – deas – feminas – fugas – poetas – pugnas – vias – vocas

Substantiv	Verb

c) dormis – dominis – liberis – liberatis – monetis – monumentis – pervenis – pueris

Substantiv	Verb

Begriffe zuordnen – Antike Kultur

2 **Wichtige Orte in Rom – Ordne die lateinischen Begriffe richtig zu:**

basilica – Circus Maximus – frigidarium – Iuppiter Capitolinus – ludus – palaestra – thermae

a) Name der größten und berühmtesten Rennbahn der Stadt: ______________________________

b) Bezeichnung für eine öffentliche Badeanstalt: ________________________

c) Kaltwasserbecken in der Badeanstalt: ______________________

d) Sportplatz in der Badeanstalt: ________________________

e) Bezeichnung für eine große Markt- oder Gerichtshalle: __________________________

f) Der Beiname des Gottes gibt an, wo sich sein Tempel befand: ____________________________

g) Gemeinsame lateinische Bezeichnung für ein öffentliches Schauspiel, ein Kinderspiel oder Unterricht: ____________________

Formen zuordnen

3 **Substantiv sucht Adjektiv. – Ordne den Substantiven das jeweils passende Adjektiv (KNG!) zu. Bilde dann den Nominativ Singular und übersetze die Wendung.**

audaciam
equo
magistri
monumenta
nuntios
poetarum
viae

antiqua
boni
clarorum
magnam
pulchro
sacrae
sinistros

Substantiv mit Adjektiv	Nominativ Singular/Übersetzung

Einen Text bearbeiten

4 **Wortblöcke bilden. Markiere in den folgenden Sätzen die Satzglieder, wie du es im Schülerband auf S. 62 kennengelernt hast. Fasse dann die Präpositionalausdrücke, die Genitiv-Attribute oder die Adjektiv-Attribute als Wortblock mit ihrem jeweiligen Bezugswort zusammen und übersetze:**

a) Quintus et Nonia | per vias | ad forum Romanum | properant.

____

b) Liberi in foro multa templa et multas statuas vident.

____

c) Quintus Noniae de deis Romanis narrat:

____

d) „Dei multa pericula ab imperio Romano prohibent."

____

Informationen suchen – Antike Kultur

5 **Bei antiken Götterstatuen erkennt man meistens an den Attributen, welche Gottheit jeweils dargestellt ist. Attribute sind typische Gegenstände, die diese Götter in den Händen haben oder mit denen sie geschmückt sind. Nenne die Attribute der hier abgebildeten Götter. Informiere dich, welchen Bereich diese Götter jeweils schützen, und suche auch ihre griechischen Namen:**

Lateinischer Name	Griechischer Name	Attribute	Machtbereich/Zuständigkeit

Das kann ich schon!

Mit diesem Test kannst du selbst prüfen, wie sicher du den Stoff der Lektionen 6–10 beherrschst und anwenden kannst. Die Ziffern am linken Rand geben dir einen Hinweis, wo du in der Grammatik bei der entsprechenden Lektion nachschlagen kannst.
Kreuze zuerst an, wie gut du nach deiner eigenen Einschätzung die verschiedenen Anforderungen erfüllen kannst: sicher, teilweise sicher oder nicht sicher.
In der rechten Spalte sind die Übungen im Schülerband (SB) und im Arbeitsheft (AH) angegeben, mit denen du dann die jeweiligen Aufgaben gezielt bearbeiten kannst, um deine Kompetenzen zu verbessern. Viel Erfolg!

1. Sprachkompetenz

		sicher	teilweise sicher	nicht sicher	
6	Ich kann die Substantive der a- und o-Deklination im Nominativ, Akkusativ, Dativ und Genitiv erkennen und bilden.				**SB** S. 39, Ü 1–3/S. 41, Ü 2–5 **AH** S. 20, Ü 1/S. 21, Ü 4
6	Ich kann nach dem Genitiv fragen und kenne seine Funktion im Satz.				**SB** S. 41, Ü 2, Ü 4, Ü 5 **AH** S. 20, Ü 2, Ü 3
6	Ich weiß, was ein Prädikatsnomen ist.				**AH** S. 24, Ü 5
7	Ich kenne alle Formen des Verbs esse im Präsens und kann diese Formen bilden.				**SB** S. 43, Ü 1/S. 44, Ü 1
7	Ich kenne die Formen der Adjektive der a-/o-Deklination im Nominativ, Genitiv, Dativ und Akkusativ (Singular und Plural) und kann sie bilden.				**SB** S. 43, Ü 1–3/ S. 45 Ü 3, Ü 4
7	Ich weiß, was der Begriff KNG-Kongruenz bedeutet, und kann Adjektive in KNG-Kongruenz zu einem Substantiv setzen.				**SB** S. 43, Ü 3/S. 44, Ü 2/ S. 45, Ü 3, Ü 4 **AH** S. 22, Ü 2, Ü 3/S. 23, Ü 4
7	Ich weiß, was ein Adjektiv ist und welche Satzglieder es einnehmen kann.				**SB** S. 44, Ü 1/S. 45, Ü 5
7	Ich kenne die verschiedenen Satzglieder und die Füllungsmöglichkeiten für die Satzglieder.				**SB** S. 45, Ü 6 **AH** S. 24, Ü 5
8	Ich kann die Substantive der a- und o- Deklination im Nominativ, Genitiv, Dativ, Akkusativ und Ablativ erkennen und bilden.				**SB** S. 47, Ü 1, Ü 2/S. 49, Ü 2, Ü 3 **AH** S. 25, Ü 1, Ü 2/S. 26, Ü 3, Ü 4
8	Ich kenne vier verschiedene Funktionen des Ablativs und kann sie voneinander unterscheiden.				**SB** S. 47, Ü 3/S. 49, Ü 4, Ü 5 **AH** S. 26, Ü 3/S. 32, Ü 4
9	Ich kann die Substantive der o- Deklination (Endung -er) in allen Kasus erkennen und bilden, ebenso die Adjektive auf -er.				**SB** S. 53, Ü 1, Ü 2/S. 55, Ü 2, Ü 5, Ü 6 **AH** S. 28, Ü 2/S. 29, Ü 3
9	Ich weiß, was Präpositionen sind und kann sagen, mit welchem Kasus sie verbunden werden.				**SB** S. 53, Ü 3/S. 55, Ü 5 **AH** S. 28, Ü 1/S. 29, Ü 4

10	Ich kann von den Verben der a-, e- und i-Konjugation die Formen des Imperfekts bilden.				**SB** S. 57, Ü 1, Ü 2, Ü 3/ S. 59, Ü 2, Ü 4–7 **AH** S. 31, Ü 1, Ü 2/S. 32, Ü 3
10	Ich kenne die Formen des Imperativs der Verben der a-, e- und i-Konjugation und von esse.				**SB** S. 59, Ü 3

2. Textkompetenz

	Ich verstehe einfache lateinische Sätze, kann sie übersetzen und ihren Inhalt anhand von Fragen wiedergeben. Ich kann einfache Sätze selbst formulieren.				**SB** S. 40, Ü 1/S. 49, Ü 1 **AH** S. 21, Ü 5/S. 26, Ü 4

3. Kulturkompetenz

	Ich weiß, wo die Römer Wagenrennen veranstaltet haben, kenne wichtige Bestandteile des Circus Maximus, und weiß, wie die antiken Wagenrennen in Rom abliefen.				**SB** S. 40, Ü 1/S. 41, Ü 7 **AH** S. 21, Ü 6
	Ich weiß, welche Räume in den römischen Thermen zu finden waren und welche Bedeutung die Thermen für das tägliche Leben der Römer hatten.				**SB** S. 45, Ü 7
	Ich weiß, welche Gebäude auf dem Forum Romanum standen und welche Bedeutung diese Gebäude hatten.				**SB** S. 50, Ü 7 **AH** S. 26, Ü 4
	Ich weiß, wo und wie die Römer ihre Götter verehrten.				**SB** S. 54, Ü 1/S. 55, Ü 7 **AH** S. 30, Ü 5
	Ich weiß, wie eine römische Schulstunde ablief und wie sie sich vom heutigen Unterricht unterscheidet.				**SB** S. 59, Ü 9

4. Methodenkompetenz

	Ich kann aus den bekannten Vokabeln ein Sachfeld zu den Themen „Familie“, „Reden und Schreiben“, „Götter und Religion“ zusammenstellen.				**SB** S. 50, Ü 6/S. 54, Ü 1
	Ich kann das Fortleben lateinischer Vokabeln in deutschen Wörtern erkennen und mithilfe des Lateinischen die Bedeutung der deutschen Wörter erklären.				**SB** S. 50, Ü 8
	Ich kann verschiedene Satzglieder abfragen und schrittweise übersetzen.				**SB** S. 44, Ü 1, Ü 2/S. 45, Ü 6/S. 49, Ü 5

Lektion 11

Formen erkennen

1 **Verben-Wölfin – In der Wölfin sind senkrecht und waagrecht acht Verben versteckt. Suche sie heraus und übersetze sie.**

C	A	P	I	O	A
P	U	E	N	R	M
D	A	T	U	N	A
S	C	I	S	A	B
E	S	T	A	S	A
L	I	C	E	T	S

Formen analysieren und bilden

2 **Nichts als Streit! – Romulus und Remus sind sich bei der Zuteilung der Verbformen nicht einig. Schaffe Klarheit, indem du zunächst jeweils den Verbstamm farbig markierst. Bilde dann von jedem Infinitiv die 1. Person Singular und die 3. Person Plural Präsens und trage sie in die Tabelle ein.**

agere – scire – condere – laudare – cupere – reperire – ridere – servare – tacere – petere – properare – dormire – capere – monere

a-Konjugation		e-Konjugation		i-Konjugation	
1. Pers. Sing.	3. Pers. Pl.	1. Pers. Sing.	3. Pers. Pl.	1. Pers. Sing.	3. Pers. Pl.

Kons. Konjugation		Kons. Konjugation auf -io	
1. Pers. Sing.	3. Pers. Pl.	1. Pers. Sing.	3. Pers. Pl.

Formen bilden

3 **Tempus-Wechsel – Bilde die entsprechenden Formen des Imperfekts und übersetze sie.**

Präsens	Imperfekt	Übersetzung
peto	petebam	ich bat
regunt		
cupis		
circumdatis		
capimus		
lacesso		
condit		

4 **Formenstaffel – Wandle um in die folgenden Formen:**

→ 1. P. Pl. Präsens → 1. P. Pl. Imperfekt → 1. P. Sg. Imperfekt → 1. P. Sg. Präsens → 3. P. Pl. Präsens → 3. P. Pl. Imperfekt → 2. P. Sg. Imperfekt → 2. P. Sg. Präsens → Infinitiv Präsens

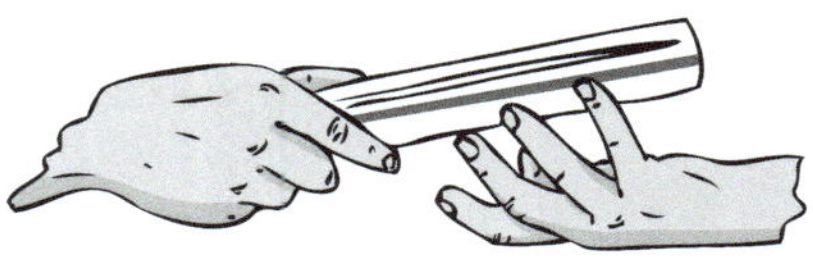

a) petit → ______________________________

____

b) debet → ______________________________

____

c) cupit → ______________________________

____

Im Kontext zuordnen

5 **Quis-Quiz – Verbinde durch Linien zu einem sinnvollen Satzgefüge und übersetze.**

1. Aeneas	a) pater Romuli et Remi erat. ______________
2. Iulus	b) oppidum muro circumdare cupiebat. ______________
3. Mars	c) Albam Longam condebat. ______________
4. Romulus	d) Romulum verbis infestis lacessebat. ______________
5. Remus	e) Italiam petebat. ______________

Lektion 12

Formen erkennen

1 **Vorsicht Falle! – Welches Wort passt nicht in die Reihe? Begründe deine Wahl.**

a) patrum – clamorum – dominum – regum – dolorum

b) dominis – servis – patris – deis – finitimis

c) mulieri – doli – clamori – timori – matri

d) voco – dolo – anno – finitimo – nullo

e) rege – timore – patre – muliere – ecce

Formen bilden

2 **Wortwechsel – Ersetze die Formen von femina und dominus durch die jeweils entsprechenden Formen von mulier und rex:**

femina	mulier	dominus	rex
feminam		domino (2)	
feminae (3)		dominos	
feminarum		dominis	
feminis		domini (2)	
feminas		dominorum	

3 **Lückenfüller (1) – Bilde die jeweils fehlenden Kasus:**

Nom. Sg.	Gen. Sg.	Abl. Sg.	Nom. Pl.	Gen. Pl.	Dativ Pl.
mulier					
	regis				
		clamore			
			dolores		
				uxorum	
					patribus

4 **Lückenfüller (2) – Ergänze den Kasus, der in der Abfolge der Deklination jeweils fehlt:**

patris → ______________________________ → patrem

mulieri → ______________________________ → muliere

dolorum → ______________________________ → dolos

horae → ______________________________ → horam

mater mea → ______________________________ → matri meae

timori magno → ______________________________ → timore magno

reges clari → ______________________________ → regibus claris

parentibus nostris → ______________________________ → parentibus nostris

clamorem magnum → ______________________________ → clamores magni

Formen bilden und im Kontext einsetzen

5 **Der Raub der Sabinerinnen – Setze die richtige Form des Substantivs in die Lücke ein und übersetze dann:**

Romulus __________ (rex) Romanorum erat. Aliquando Romulus __________ (pater) Sabinos cum __________ (mulier) invitabat. __________ (Pater) Sabini cum __________ (mulier) suis __________ que (filia) Romam[1] veniebant. Subito __________ (vir) Romani __________ (filia) Sabinas raptabant. __________ (filia) in magno __________ (timor) erant, __________ (pater) et __________ (mater) valde clamabant.

____

____

____

____

____

____

____

____

[1] Romam: nach Rom

Lektion 13

Formen erkennen

1 **Formendomino – Übersetze die Verbformen, sodass eine komplette Dominoreihe entsteht:**

	laudavi		apportavimus		excitavisti
	parui		fui		audivisti
	salutavit		stupuerunt		rogavit
	apparuisti		visitavistis		vocavimus

Formen erkennen und zuordnen

2 **Scriptura continua – Trenne die Verbformen und ordne sie nach den Zeiten Präsens, Imperfekt und Perfekt:**

laudavimusapparuitfuimuseramparebasnuntiatinvitaba
musraptavimuseratisplacuitfueruntinstataudivimussum

Präsens	Imperfekt	Perfekt

3 **Versteckte Wörter – In diesem Rechteck sind zwölf „kleine Wörter" versteckt. Suche sie heraus und trage sie mit Bedeutung unter der richtigen Wortart ein:**

T	G	H	E	P	N	A	D
A	N	E	R	A	B	N	V
N	Q	U	L	E	H	T	L
D	E	N	I	Q	U	E	Q
E	A	F	B	N	T	B	U
M	E	T	E	H	B	X	I
M	V	E	N	A	Q	U	A
P	O	S	T	Q	U	A	M
E	G	A	E	B	O	R	C
R	C	U	R	B	Q	U	I
P	O	I	G	E	U	L	H
D	U	D	E	R	E	T	O

Adverb	Präposition

Subjunktion	Fragewort

Formen bilden

4 **Zeitenreise – Ergänze die jeweils fehlenden Formen:**

Präsens	Imperfekt	Perfekt
aedificat		
	imperabas	
		cenaverunt
	audiebam	
sum		
	stupebant	
apparet		
	narrabatis	
		explicavimus
pareo		

Formen im Kontext einsetzen

5 Verbum gesucht – Setze die richtigen Verbformen ein und übersetze den Text:

audiverunt – clamaverunt – erant – mittebat – raptaverunt – raptavistis – regebat – rogaverunt – spectabant – visitabant

1. Diu Romulus rex civitatem ______________________.
2. Quia Romanis uxores non ______________________, rex saepe nuntios ad reges finitimos ______________________.
3. Reges, postquam verba nuntiorum ______________________, civitatem ______________________ et ludos ______________________.
4. Sed subito Romani filias Sabinorum ______________________.
5. Itaque puellae in summo timore ______________________ et Romanos ______________________: „Cur nos ______________________?“

Einen Text verstehen

6 Alles Nacheinander! – Brutus erzählt von seiner Reise zum Orakel von Delphi und den Folgen. Setze die Sätze richtig zusammen und übersetze sie in deinem Heft:

1. Postquam magnus anguis in templo apparuit,	a) mihi summum imperium mandaverunt.
2. Postquam rex verba nuntiorum audivit,	b) sacerdotem Apollinis visitavimus.
3. Postquam cum filiis regis in Graeciam properavi,	c) mihi terrae osculum dare placuit.
4. Postquam verba sacerdotis audivimus,	d) filios suos meque in Graeciam mittebat.
5. Romani, postquam regem fugaverunt,	e) Tarquinius rex in summo timore erat.

1. ____
____
2. ____
____
3. ____
____
4. ____
____
5. ____
____

Lektion 14

Formen erkennen

1 **Kleine Unterschiede – Bestimme sämtliche Wörter nach Kasus, Numerus und Genus. Unterstreiche dabei die Adjektive. Bilde zu jedem Wort die Lernform (Nominativ Singular) und übersetze sie mündlich.**

	dolorum (2 x)	dolum	donum
Bestimmung:			
Nom. Sg.:			

	filiarum	filiorum	fidorum
Bestimmung:			
Nom. Sg.:			

	magnum	magistrum	matrum
Bestimmung:			
Nom. Sg.:			

	matri	mali	magni
Bestimmung:			
Nom. Sg.:			

	variis	viris	virtutis
Bestimmung:			
Nom. Sg.:			

Formen zuordnen

2 **Setze die Substantive und Adjektive zu sprachlich korrekten und inhaltlich sinnvollen Verbindungen zusammen. Stelle den Ausdrücken mit den unterstrichenen Substantiven eine geeignete Präposition voran. Jedes Wort darf nur einmal verwendet werden. Übersetze dann die Wendungen.**

Präposition	Substantiv	Adjektiv
cum	amicis	altorum
in	cenam	ceteris
post	civitate	fessa
	clamoris	finitima
	corpora	iucundam
	gentium	magni
	montium	malum
	nuntium	novae
	urbi	praeclararum

Formen bilden

3 **An jeder Verzweigung der Formenpyramide wird dir ein Auftrag zur Umformung der lateinischen Wendung gegeben. Forme immer die neu gebildete Wendung um:**

Nominativ Singular: corpus pulchrum

Setze in den Plural: ______________________

Setze in den Dativ: ______________________

Setze in den Dativ: ______________ Setze in den Akkusativ: ______________ Setze in den Ablativ: ______________ Setze in den Genitiv: ______________

Setze alle vier Wendungen in den anderen Numerus:

______________ ______________ ______________ ______________

Übertrage diese Formenpyramide in dein Heft und forme auf dieselbe Weise die folgenden Wendungen um:
gens infesta – dominus miser – monumentum praeclarum

Formen erkennen und bilden

4 **Ordne die Wörter nach Wortarten (Substantive, Adjektive, Verben). Setze dann sämtliche Formen in den anderen Numerus:**

clamo – clamor – colis – copiis – corporis – gentis – geris – novorum – paravisti – parui – parvi (2 x) – patri – sumus – summus

Substantive		**Verben**		**Adjektive**	
Singular	**Plural**	**Singular**	**Plural**	**Singular**	**Plural**

Einen Text bearbeiten

5 **Vergleiche den lateinischen Text mit der deutschen Übersetzung und ergänze jedes der unvollständigen Wörter durch einen der folgenden Bausteine. Bestimme dann die neu gebildeten Substantiv- und Adjektivformen mündlich nach Kasus, Numerus und Genus:**

-arum | -ium | -orum | -um

Aliquando plebeius quidam[1] cum copiis gent________ infest________ pugnabat.

D________ pro patria pugnat, agr________ non colebat. Itaque pecunia egebat et aes alien________

vir________ miser________ vexabat.

Plebeii, quia nulla iura habebant, irati erant: „Copiae Roman ________ copias civitat ________

finitim ________ superaverunt. Sed vita plebei________ Roman________ misera est." Itaque plebs urbem

relinquebat et Montem Sacr________ petebat.

Tum autem copiae gent________ finitim________ ad bell________ cum Romanis paratae erant.

Nunc patricii[2] auxil________ plebei________ petebant.

Plebeii autem clamabant: „Non iam pro patria bell________ gerimus. Nunc patricii bell________ gerere

debent."

Einst kämpfte ein gewisser[1] Plebejer gegen die Truppen feindlicher Völker. Während er für das Vaterland kämpfte, bebaute er seinen Acker nicht. Deshalb hatte er kein Geld und Schulden quälten den armen Mann. Weil die Plebejer keine Rechte hatten, waren sie zornig: „Die Truppen der Römer besiegten die Truppen der benachbarten Bürgerschaften. Aber das Leben der römischen Plebejer ist elend." Deshalb verließ das einfache Volk die Stadt und suchte den Heiligen Berg auf.
Dann aber waren die Truppen benachbarter Völker zum Krieg gegen die Römer bereit. Nun forderten die Patrizier[2] die Hilfe der Plebejer.
Die Plebejer aber riefen: „Wir führen keinen Krieg mehr für das Vaterland. Nun müssen die Patrizier Krieg führen."

Lektion 15

Formen erkennen

1 Dein Kreuz ist gefragt. – Nenne jeweils den Infinitiv Präsens. Kreuze dann an, um welche Perfektbildungsart es sich handelt, und übersetze die Formen:

	Infinitiv Präsens	v-Perfekt	u-Perfekt	s-Perfekt	Dehnungs-perfekt	Übersetzung
cepi						
tenuistis						
gesserunt						
ambulavisti						
reliquit						
diximus						
convenerunt						
egui						
duxistis						
excitavisti						
fugit						

Formen bilden

2 Aufgepasst! – Bilde die 3. Person Singular Präsens und die 3. Person Singular Perfekt:

ducere – fugere – tacere – venire – contendere – imperare – tenere

3. Person Singular Präsens	3. Person Singular Perfekt

3 **Vom Infinitiv zum Imperativ – Bilde zu folgenden Infinitiven den Imperativ Singular und Plural und übersetze:**

Infinitiv	Imperativ Sg.	Übersetzung	Imperativ Pl.	Übersetzung
venire				
fugere				
clamare				
deponere				
tacere				
ducere				
flectere				
spectare				
dicere				
dimittere				

4 **Fit in Stammformen? – Ergänze die fehlenden Formen.**

dicere	dico	dixi	sagen, sprechen
	mitto		
			ermahnen, erinnern
fugare			
		cepi	
tenere			
	libero		
			biegen, beugen

Einen Text bearbeiten

5 **Gemeinsam sind wir stark: Von „ich" zu „wir" – Veturia erzählt im Folgenden, wie sie Coriolan überzeugt hat, Rom nicht zu besetzen. Stell dir vor, nicht nur Veturia, sondern auch seine Frau Volumnia hätten gemeinsam mit Coriolan gesprochen: Setze den Text in den Plural und übersetze ihn.**

Veturia dixit:

Veturia et Volumnia ______________________:

Übersetzung: ____

Consilium cepi urbem meam servare.

____

Übersetzung: ____

____

Itaque iram deposui et in castra Volscorum properavi.

____

Übersetzung: ____

____

Tamen lacrimas non tenui: Coriolanus urbem meam delere cupivit.

____

Übersetzung: ____

____

Tandem verbis et precibus animum Coriolani flexi et urbem servavi.

____

Übersetzung: ____

____

Antike Kultur

6 Ergänze den folgenden Lückentext über die Vertreibung der Könige und die Zeit der frühen Republik in Rom:

Rom hatte insgesamt ______ Könige. Der letzte hieß ____________________.
Er wurde von ____________________ vertrieben.

Nach der Vertreibung der Könige: Auseinandersetzung der Römer mit den Nachbarstämmen. Die mächtigsten Nachbarn der Römer waren die

____________________________________.

In den unterworfenen Gebieten:

Gründung von ____________________ mit römischen Bürgern. Andere Völker wurden zu

____

gemacht, die die Römer in den Kriegen unterstützen mussten.

Plateaulektion 11 –15

Formen erkennen

1 **Sortiere die folgenden Verbformen nach ihren Tempora und übersetze sie:**

agebas – agis – arcetis – arcuistis – carui – cares – consulit – consuluit – convenis – convenistis – stupebat – stupet – stupuit – tacui – videbat – videt – vidit

Präsens	Imperfekt	Perfekt

Formen bilden und zuordnen

2 **In jeder der folgenden Verbformen fehlt ein -e- oder ein -i-. Ergänze den fehlenden Buchstaben und sortiere die Verbformen in die Tabelle ein. Bestimme dabei das Tempus (T). Übersetze mündlich.**

adiuv_t ag_t amav_t audi_bat cap_o car_o cenav_stis col_batis cup_vistis deb_t delev_t erip_t sciv_sti ven_unt vix_runt

a-Konjugation	e-Konjugation	i-Konjugation	konsonantische Konjugation	konsonantische Konjugation auf -io
T.:	T.:	T.:	T.:	T.:
T.:	T.:	T.:	T.:	T.:
T.:	T.:	T.:	T.:	T.:

Formen bilden

3 **Fülle die Tabelle so aus, dass sich komplette Formenreihen ergeben. Forme die Verben dabei immer so um, wie es in der folgenden Spalte angegeben ist. Übersetze sämtliche Formen.**

		Setze in den anderen Numerus.	Setze ins Perfekt.	Setze in die folgende Person.	Setze ins Imperfekt.
Form:	colis ⇒	colitis ⇒	coluistis ⇒	coluerunt ⇒	colebant
Übers.:	du pflegst	ihr pflegt	ihr habt gepflegt	sie haben gepflegt	sie pflegten
Form:	⇒	debeo ⇒	⇒	⇒	
Übers.:					
Form:	⇒	⇒	petivimus ⇒	⇒	
Übers.:					
Form:	⇒	⇒	⇒	venisti ⇒	
Übers.:					
Form:	⇒	⇒	⇒	⇒	vivebat
Übers.:					

Formen bilden und im Kontext ergänzen

4 **Sowohl in dem lateinischen Text als auch in der deutschen Übersetzung fehlen einige Prädikate. Fülle beide Lückentexte aus. Überlege dir dabei sorgfältig, welches Tempus jeweils verwendet werden muss.**

Coriolanus saepe pro patria ________________, sed subito urbem Romam **reliquit**.

Nam postquam tribuni plebis virum praeclarum **lacessiverunt**, Coriolanus ad Volscos **properavit**.

Dum ibi bellum ________________, timor Romanos **vexabat**. Saepe ________________: „Cur Coriolanus consilium ________________ patriam delere? Cur iam copiae hostium **appropinquant**?“

Tum Veturia, mater Coriolani, in castra hostium ________________. Iterum atque iterum filium **monebat**:

„Vir Romanus semper pro patria pugnare ________________.“

Coriolan **kämpfte** oft für das Vaterland, aber plötzlich ________________ er die Stadt Rom. Denn nachdem die Volkstribune den berühmten Mann ______________________, __________ Coriolan zu den Volskern.

Während er dort einen Krieg **vorbereitete**, ______________ die Angst die Römer.

Oft **fragten sie**: „Warum **hat** Coriolan den Plan **gefasst**, die Heimat zu zerstören? Warum ______________ schon die Truppen der Feinde?“

Da **eilte** Veturia, die Mutter Coriolans, in das Lager der Feinde. Immer wieder ______________ ihren Sohn: „Ein römischer Mann **muss** immer für seine Heimat kämpfen.“

Grundwissen Antike Kultur: Informationen sammeln und präsentieren

5 **Bereitet in Kleingruppen ein Kurzreferat über die römischen Ständekämpfe vor.**

Geht dabei in den folgenden Arbeitsschritten vor:
Vervollständigt zunächst die folgende bildliche Darstellung der Geschehnisse, in der wichtige Namen und Ereignisse zueinander in Beziehung gesetzt werden.
Überlegt euch eine sinnvolle Gliederung und haltet den Ablauf des Referats in Stichpunkten im Heft fest.
Sucht im Internet nach mindestens einer geeigneten Abbildung (z. B. zur Lage des Mons Sacer oder zu den Zwölftafelgesetzen), mit der ihr den Inhalt eures Referats veranschaulichen könnt.
Präsentiert eure Ergebnisse euren Mitschülern in einem Referat.
Lest dabei nicht einfach einen Text vom Blatt ab, sondern bemüht euch um eine interessante Vortragsweise.

Die Ständekämpfe in Rom

Verarmung der ______________ (einfaches Volk)
Unzufriedenheit mit den ______________ (vornehme Bürger)
Protest: Auszug auf den *Mons Sacer* („______________“)
Rückkehr der ______________ nach Rom

Eingreifen des ______________
Agrippa: Geschichte vom ______________ und den Gliedern.

Eine Auseinandersetzung zur Zeit der Ständekämpfe:
Der Feldherr ______________ läuft aus Wut über die ______________ zu den Volskern über, wird dann aber von seiner Mutter ______________ zur Rückkehr bewegt.

Jahrhunderte andauernde Auseinandersetzungen

um 450 v. Chr.: Ein wichtiges Ergebnis der Ständekämpfe:
Erlass des ______________-Gesetzes, das auf dem ______________ aufgestellt wurde.

Das kann ich schon!

Mit diesem Test kannst du selbst prüfen, wie sicher du den Stoff der Lektionen 11–15 beherrschst und anwenden kannst. Die Ziffern am linken Rand geben dir einen Hinweis, wo du in der Grammatik bei der entsprechenden Lektion nachschlagen kannst.
Kreuze zuerst an, wie gut du nach deiner eigenen Einschätzung die verschiedenen Anforderungen erfüllen kannst: sicher, teilweise sicher oder nicht sicher.
In der rechten Spalte sind die Übungen im Schülerband (SB) und im Arbeitsheft (AH) angegeben, mit denen du dann die jeweiligen Aufgaben gezielt bearbeiten kannst, um deine Kompetenzen zu verbessern. Viel Erfolg!

1. Sprachkompetenz

		sicher	teilweise sicher	nicht sicher	
11	Ich kenne die Formen der konsonantischen Konjugation im Präsens und Imperfekt.				**SB** S. 67, Ü 1, Ü 2, Ü 3/ S. 69, Ü 3, Ü 4, Ü 5/S. 70, Ü 6, Ü 7 **AH** S. 39, Ü 1, Ü 2/S. 40, Ü 3, Ü 4
11	Ich weiß, was das historische Präsens ist und wie es übersetzt wird.				**SB** S. 91, Ü 1
12	Ich kann die Substantive der 3. Deklination deklinieren.				**SB** S. 72, Ü 1, Ü 2, Ü 3/ S. 74, Ü 2, Ü 3, Ü 4 **AH** S. 41, Ü 1, Ü 2, Ü 3/ S. 42, Ü 4
13	Ich kenne die Bildung des v- und u-Perfekts und weiß, welche Verben jeweils dieses Perfekt bilden.				**SB** S. 76, Ü 1, Ü 2, Ü 3/ S. 77, Ü 1/S. 78, Ü 3, Ü 4, Ü 5, Ü 6, Ü 7 **AH** S. 43, Ü 1, Ü 2/S. 44, Ü 4
13	Ich weiß, wann die Römer das Perfekt und das Imperfekt verwendeten.				**AH** S. 45, Ü 5
14	Ich kann die Substantive der 3. Deklination (Neutrum und einendige Substantive) deklinieren.				**SB** S. 80, Ü 1, Ü 2, Ü 3/ S. 82, Ü 3, Ü 4 **AH** S. 46, Ü 1, Ü 2/S. 47, Ü 3, Ü 4
13/ 14	Ich weiß, was ein Gliedsatz ist und welche Sinnrichtungen er haben kann. Ich kenne Konjunktionen, die einen Gliedsatz einleiten.				**SB** S. 82, Ü 5 **AH** S. 44, Ü 3
15	Ich kenne die Bildung des s- und Dehnungsperfekts und weiß, welche Verben jeweils dieses Perfekt bilden.				**SB** S. 84, Ü 1, Ü 2, Ü 3/ S. 86, Ü 4–7/S. 87, Ü 8 **AH** S. 49, Ü 1, Ü 2/S. 50, Ü 4
15	Ich kann den Imperativ der Verben der konsonantischen Konjugation bilden.				**SB** S. 84, Ü 4/S. 87, Ü 9 **AH** S. 50, Ü 3

Selbsteinschätzung nach den Lektionen 11 – 15

2. Textkompetenz

	Ich verstehe komplexere lateinische Sätze, kann sie übersetzen und ihren Inhalt anhand von Fragen wiedergeben. Ich kann einfache lateinische Sätze selbst formulieren.			**SB** S. 69, Ü 1/ S. 73, Ü 1/ S. 78, Ü 2/S. 82, Ü 1
	Ich kann Texte selbst bearbeiten (Wörter einfügen, Sätze zusammenfügen, Formen bilden und einfügen …).			**SB** S. 73, Ü 1 **AH** S. 42, Ü 5/S. 45, Ü 6/S. 48, Ü 5/S. 50, Ü 5
	Ich kann den Inhalt lateinischer Texte verstehen und die wichtigsten Inhalte mit eigenen Worten wiedergeben.			**SB** S. 69, Ü 2/S. 82, Ü 1/S. 86, Ü 1, Ü 3
	Ich kann Text anhand verschiedener Kriterien (Konnektoren, Wortwahl etc.) gliedern.			**SB** S. 86, Ü 1, Ü 3

3. Kulturkompetenz

	Ich kenne die Gründungssage der Stadt Rom und ihren historischen Hintergrund.			**SB** S. 69, Ü 1, Ü 2/S. 70, Ü 8
	Ich kenne die Sage vom Raub der Sabinerinnen und ihren historischen Hintergrund.			**SB** S. 73, Ü 1/S. 74, Ü 6
	Ich kenne die Bedeutung des Orakels von Delphi.			**SB** S. 78, Ü 8
	Ich kenne einige der Probleme der frühen römischen Republik (innen- und außenpolitisch).			**SB** S. 82, Ü 1, Ü 6/S. 86, Ü 2

4. Methodenkompetenz

	Ich kann aus den bekannten Vokabeln ein Sachfeld zum Thema „Familie“ zusammenstellen.			**SB** S. 74, Ü 5
	Ich kann mich mithilfe des Internets oder von Fachbüchern über bestimmte Themen der römischen Geschichte informieren und die Ergebnisse präsentieren.			**SB** S. 78, Ü 8/ S. 87, Ü 10

Lektion 16

Bedeutungen erkennen

1 Vorsicht Irrläufer! – Jeweils ein Begriff passt nicht zum Sachfeld. Suche ihn heraus und begründe deine Wahl:

a) servi – donum – gladiator – arena ____________________

b) templum – mercator – pecunia – taberna ____________________

c) bellum – mors – hortus – virtus ____________________

d) liberi – parentes – mater – magister ____________________

e) circus – sacerdos – simulacrum – deus ____________________

f) mons – aedificium – aqua – terra ____________________

g) navigare – pirata – thermae – navis ____________________

h) regnum – cena – vinum – convivium ____________________

i) magister – turba – discipulus – litterae ____________________

j) dolor – lacrima – calamitas – toga ____________________

Formen erkennen

2 Achte auf die „Kleinigkeiten"! – Übersetze und nenne jeweils den Infinitiv:

a) abest Übersetzung: ____________________ Infinitiv: ____________

b) adest Übersetzung: ____________________ Infinitiv: ____________

c) affuit Übersetzung: ____________________ Infinitiv: ____________

d) afuit Übersetzung: ____________________ Infinitiv: ____________

e) poterant Übersetzung: ____________________ Infinitiv: ____________

f) potuerunt Übersetzung: ____________________ Infinitiv: ____________

Formen zuordnen im Kontext

3 Setze das passende Personalpronomen ein und übersetze:

a) Magister ad discipulos:

Cur ____________ non salutatis? Cur ludus ____________ non placet? Cur ____________ non paretis?

Übersetzung: ____________________

____

nobis me
vobis mihi
tibi nos

b) Discipuli ad magistrum:

_______________ non paremus.

Nam _______________ semper vexas, _______________ semper imperas.

Übersetzung: ____

____

Formen bilden

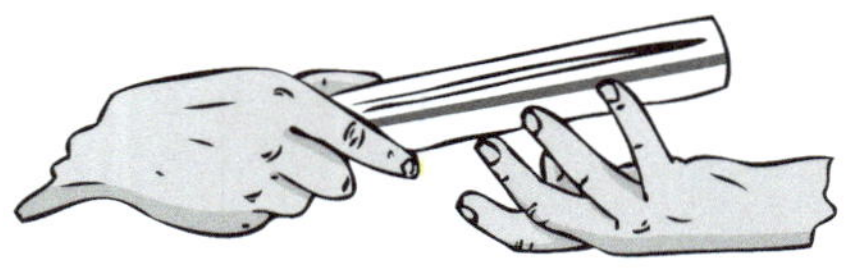

4 Formenstaffel – Beachte: Manchmal wechselt auch das Verbum.

adsum → 3. Person Singular → Plural → Imperfekt → Perfekt → abesse → Imperfekt → 1. Person Plural → Präsens → posse → Imperfekt → Perfekt → 1. Person Sing. → Präsens

adsum → _______________ → _______________

→ _______________ → _______________ → _______________

→ _______________ → _______________ → _______________

→ _______________ → _______________ → _______________

→ _______________ → _______________

Formen in den Kontext setzen

5 Bilde aus den vorgegebenen Vokabeln die lateinische Übersetzung der deutschen Sätze.

intersunt – deest – absum – pugnis – adsumus – servi – praeest – supersunt – amicis – Lucius – servi – ludis – pugnis – multi – a Roma – mihi – non – pecunia

a) Wir sind für die Freunde da. _______________

b) Lucius leitet die Spiele. _______________

c) Ich bin fern von Rom. _______________

d) Mir fehlt Geld. _______________

e) Die Sklaven nehmen an Kämpfen teil. _______________

f) Viele Sklaven überleben die Kämpfe nicht. _______________

Lektion 17

Formen erkennen

1 **Präsens- oder Perfektstamm – Unterstreiche bei den folgenden Verben jeweils den Präsens- bzw. den Perfektstamm. Nenne das Tempus und übersetze dann die jeweilige Form:**

a)

currit	
Tempus:	
Übersetzung:	

cucurrit	
Tempus:	
Übersetzung:	

b)

biberant	
Tempus:	
Übersetzung:	

bibebant	
Tempus:	
Übersetzung:	

c)

perditis	
Tempus:	
Übersetzung:	

perdidistis	
Tempus:	
Übersetzung:	

d)

credimus	
Tempus:	
Übersetzung:	

credidimus	
Tempus:	
Übersetzung:	

e)

occurrerant	
Tempus:	
Übersetzung:	

occurrent	
Tempus:	
Übersetzung:	

Formen bilden

2 **Reise in die Vergangenheit (1) – Bilde zunächst die entsprechende Form im Plusquamperfekt oder Perfekt. Nenne dann den Infinitiv Perfekt und die jeweilige Perfektbildung:**

Perfekt	Plusquamperfekt	Infinitiv Perfekt	Perfektbildung
recitavi			
	vendideramus		
vixisti			
	egerat		
adiuverunt			
	perdideratis		

Perfekt	Plusquamperfekt	Infinitiv Perfekt	Perfektbildung
credidi			
	dederat		
luserunt			
	biberas		

3 **Reise in die Vergangenheit (2) – Forme die folgenden Imperfektformen um in das Perfekt- und das Plusquamperfekt. Übersetze dann alle Formen:**

superabas	superavisti	superaveras
du übertrafst	du hast übertroffen	du hattest übertroffen
dabam		
ducebas		
perdebat		
occurrebamus		
tenebatis		
cognoscebant		

Formen zuordnen im Kontext

4 **Verbinde jeweils ein Kompositum von esse mit einem Substantiv zu einer sinnvollen Junktur und übersetze:**

a castris – amicis – copiis – ~~ludis~~ – pugnae – spectaculis – tempus

interfui ludis — Ich habe an den Spielen teilgenommen.

superfueras ____________________ ____________________

mihi defuit ____________________ ____________________

praefuimus ____________________ ____

interfuerant ____________________ ____

affueramus ____________________ ____

afuerant ____________________ ____

Einen Text bearbeiten

5 **Setze die passende Form des Possessivpronomens** suus, sua, suum **ein und übersetze. Nimm dann entsprechend dem Beispiel eine Umformung des lateinischen Satzes vor:**

Quintus in horto suo laboravit. – Quintus hat in seinem Garten gearbeitet.

Quintus dicit: „In horto meo laboravi."

a) Nonia in horto ____________ laboraverat. ____

Nonia dicit: ____

b) Eutychus de vita ____________ narravit. ____

Eutychus dicit: ____

c) Piratae de navibus ____________ narraverant. ____

Piratae dicunt: ____

d) Domina servos ____________ vocabat. ____

Domina dicit: ____

e) Servi domino ____________ paruerunt. ____

Servi dicunt: ____

f) Romani urbem ____________ defenderant. ____

Romani dicunt: ____

Lektion 18

1 **Entwirf – ausgehend vom Einführungstext der Lektion 18 und von der Karte im Einband des Schülerbandes – deine eigene Karte mit der Route des Triumphzugs in der Stadt Rom. Zeichne hierzu die Route mit einer farbigen Linie ein und beschrifte die jeweiligen Örtlichkeiten und Straßen passend mit folgenden Begriffen:**

Circus Maximus – Via Triumphalis – Via Sacra – Forum Romanum – Capitolium – Tempel des Iuppiter Optimus Maximus

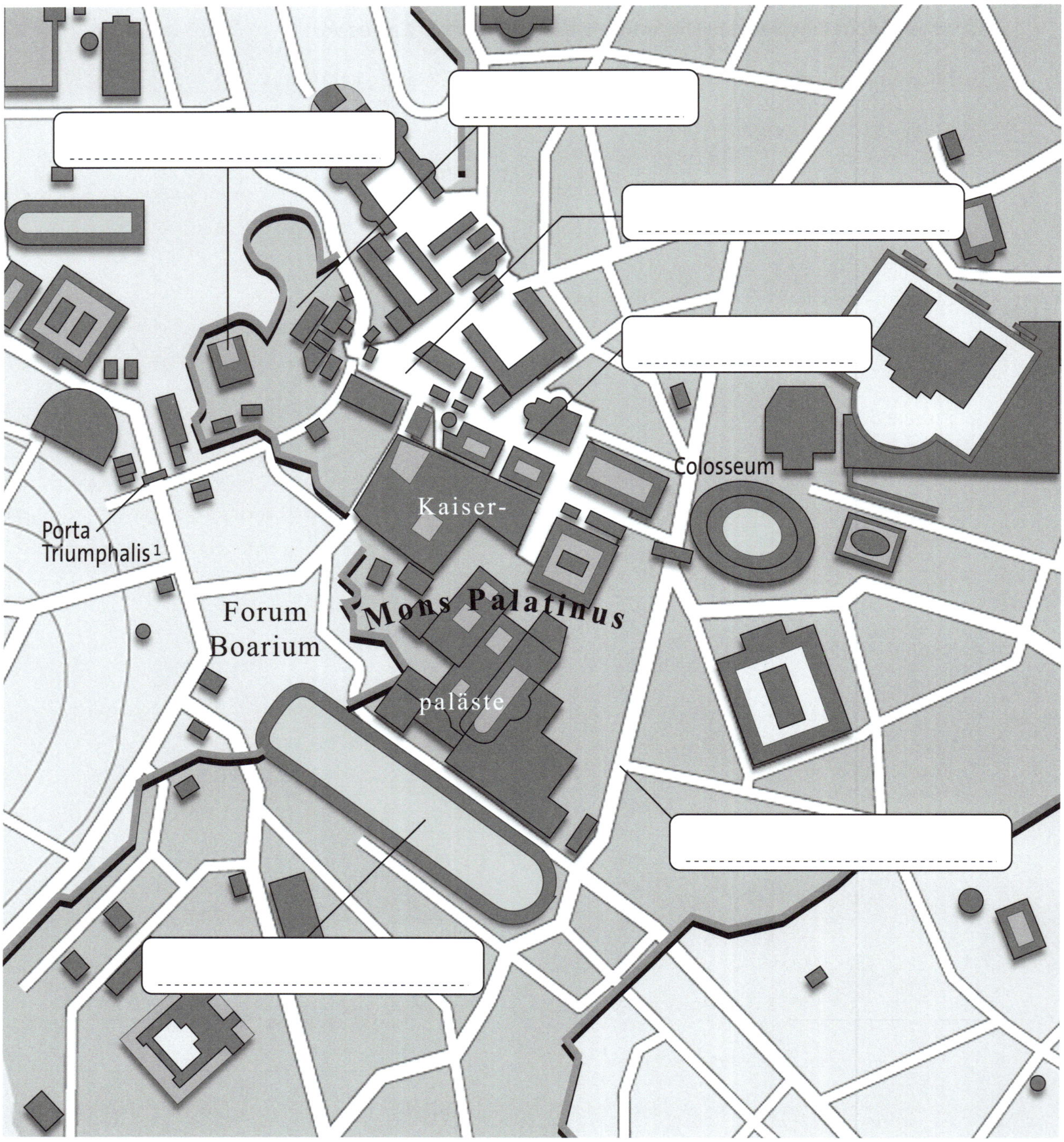

---

[1] Die genaue Lage der Porta Triumphalis ist in der Literatur umstritten.

Formen bilden

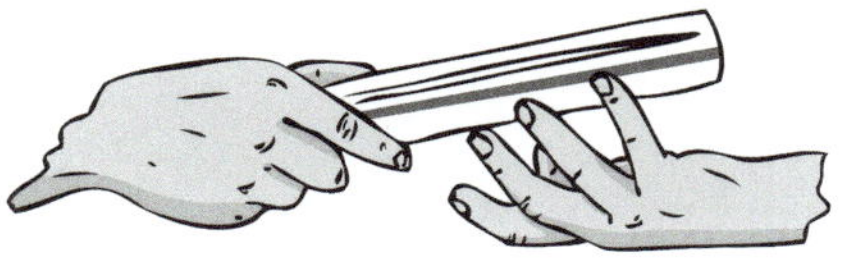

2 Formenstaffel – Verwandle in die angegebene Form:

ea legio → Gen. Sing. → Dat. Plur. → Akk. Sing. → Abl. Plur.→ Gen. Plur. → Dat. Sing. → Akk. Plur. → Abl. Sing. → Nom. Plur.

id agmen → Gen. Sing. → Akk. Plur. → Akk. Sing. → Abl. Sing. → Nom. Plur. → Gen. Plur. → Dat. Sing. → Abl. Plur. → Nom. Sing.

is finis → Abl. Sing. → Akk. Plur. → Dat. Sing. → Gen. Plur. → Nom. Plur. → Abl. Plur. → Akk. Sing. → Dat. Plur. → Gen. Sing.

3 Passt! – Setze zu dem Substantiv die passende Form von is, ea, id und übersetze den gesamten Ausdruck:

_______ triumphum videre _______

_______ agmen ducere _______

de _______ pace gaudere _______

finem _______ provinciae defendere _______

_______ montes ascendere _______

_______ copiis praeesse _______

in _______ forum convenire _______

muros _______ urbium delere _______

plus _______ vini bibere _______

_______ civi adesse _______

_______ hostes vincere _______

in _______ provincias mittere _______

ab _______ finibus arcere _______

_______ libertatem defendere _______

se ________________ ludo dare ________________

cum ________________ amica forum visitare ________________

________________ templa visitare ________________

________________ amico credere ________________

Formen bilden im Kontext

4 Setze die passenden Formen der Pronomina suus, sua, suum oder is, ea, id ein. Übersetze dann:

Imperator milites suos exspectat. – Der Feldherr erwartet seine Soldaten.

Iam equos ________________ videt. – ________________

Tandem milites veniunt et signum ________________ salutant. – ________________

Imperator virtutem militum ________________ et arma ________________ laudat. – ________________

Imperator et milites victoria ________________ gaudent. – ________________

Triumphus ________________ Romanis placet. – ________________

Wörter sammeln zum Sachfeld

5 Io triumphe: Sammle Substantive (auch im Plural) und Junkturen zum Sachfeld „Ein siegreicher Feldherr feiert in Rom den Triumph".

Substantive (z. B. imperator, praeda): ________________

Junkturen (z. B. hostes vincere, fines imperii defendere): ________________

Lektion 19

Formen erkennen

1 **Suche im Gitterrätsel 14 Wörter (11 Substantive, 3 Verben) zu den Sachfeldern „Handel“ und „Schifffahrt“. Schreibe die Wörter mit deutscher Übersetzung heraus:**

F	R	U	M	E	N	T	U	M
N	A	V	I	S	A	M	L	F
A	E	M	L	V	V	S	G	R
U	M	L	U	C	E	T	R	D
T	E	M	P	E	S	T	A	S
A	R	V	E	N	D	E	R	E
L	E	P	I	R	A	T	A	U
M	E	R	C	E	S	U	F	O
A	V	I	N	U	M	N	M	L
R	A	P	T	A	R	E	D	E
E	P	T	R	D	S	A	B	U
M	E	R	C	A	T	O	R	M

Formen zuordnen

2 **Welche Substantive und Adjektive gehören zusammen? – Ordne sie richtig zu und bestimme sie nach Kasus, Numerus und Genus. Bilde dann jeweils den Nominativ Singular:**

mari navium tempestates
civis hostes militi
pacem agmina

longa magnas fessi
Romano magnarum
bonam clari alto

Substantiv mit Adjektiv	Kasus, Numerus, Genus	Nominativ Singular

Einen Text bearbeiten

3 Welche deutschen Wörter ergeben den lateinischen Satz? Ordne richtig zu!

Es steht fest,	dass die Gefahren des Meeres	schon viele Schiffe	zeigt.
Sie sehen,	dass die Kaufleute	nach Ostia	schreien.
Es ist offensichtlich,	dass Unwetter	Nonia und Quintus	zerstörten.
Wir wissen genau,	dass der Vater	Ostia	gekommen sind.
Sie hören	dass viele Schiffe	vor ihren Läden	groß sind.

a) Non ignoramus patrem Noniae et Quinto Ostiam monstrare.

___

b) Audiunt mercatores ante tabernas clamare.

___

c) Vident multas naves Ostiam pervenisse.

___

d) Constat pericula maris magna esse.

___

e) Apparet tempestates multas naves iam delevisse.

___

4 Aus zwei mach eins! – Füge zu einem Satz zusammen und übersetze dann:

Beispiel: Pater narrat. Heri multae naves Ostiam pervenerunt.

→ Pater narrat heri multas naves Ostiam pervenisse.

Übersetzung: Der Vater erzählt, dass gestern viele Schiffe nach Ostia gekommen sind.

a) Scimus. Naves frumentum e Sicilia apportant.

→ ______________________________

Übers.: ______________________________

b) Constat. Pericula maris magna sunt.

→ ______________________________

Übers.: ______________________________

c) Pater narrat. Marcus Silanus mercator in ultimas terras navigavit.

→ ______________________________

Übers.: ______________________________

____

d) Audivimus. Piratae navem Silani ceperunt.

→ ______________________________

Übers.: ______________________________

____

Wörter sammeln zum Sachfeld

5 **Trage in den einzelnen Kästchen die entsprechenden lateinischen Wörter ein. Du kannst dich dabei an Lesestück und Einleitung der Lektion 19 orientieren.**

navis Romana

Dazu kann man die Schiffe nutzen (Verben):

____

Das transportierten die Schiffe (Substantive):

____

Dies waren Gefahren der Seefahrt (Substantive):

____

Dies machten die Piraten (Verben mit Objektiven):

____

Lektion 20

Formen erkennen

1 **In dem folgenden Quadrat sind 18 Formen von ire und seinen Komposita versteckt. Suche alle möglichen Formen heraus und bestimme sie:**

A	I	E	I	B	A	S	S
I	T	O	A	I	S	T	I
P	E	U	N	T	T	A	N
E	X	I	B	A	M	D	I
R	I	A	R	E	D	I	I
I	I	D	U	E	I	M	T
B	Q	I	S	S	E	U	N
O	I	S	T	I	N	S	I

Formen bilden

2 **Stelle aus den folgenden Mauersteinen sieben verschiedene Formen von ire zusammen. Jeder Baustein darf nur einmal verwendet werden. Schreibe die Formen heraus und bestimme sie:**

e	e	i	i	i	i	i
ba	ba	eru	ss	u		
e	m	nt	o	te	t	nt

3 **Zwei Deklinationen auf einen Streich! – Dekliniere:**

	Singular	Plural	Singular	Plural
Nom.	dominus acer		puella celeris	
Gen.				
Dat.				
Akk.				
Abl.				

4 **Formenstaffel – Bilde die angegebenen Formen:**

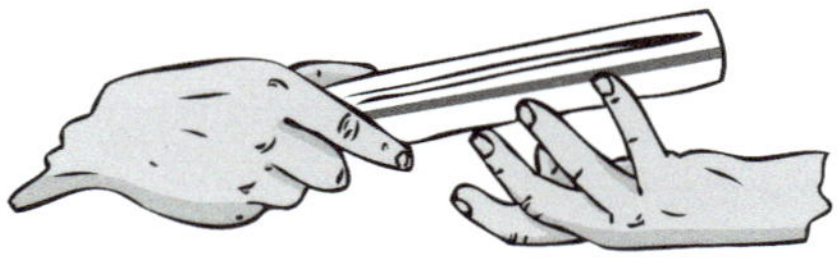

navis celeris

→ Plural

→ Dativ

→ Singular

→ Akkusativ

→ Plural

→ Genitiv

→ Singular

→ Ablativ

→ Nominativ

bellum acre

→ Genitiv

→ Plural

→ Ablativ

→ Singular

→ Akkusativ

→ Plural

→ Dativ

→ Singular

→ Nominativ

Formen bilden im Sachfeld

5 **ire und seine Verwandten – Bilde mit den bedeutungsähnlichen Verben die entsprechenden Formen zu ire:**

ire	properare	currere	iter facere
isti			
eunt			
ibam			
is			
ieramus			

Einen Text bearbeiten

6 **Wähle aus den Adjektiven diejenigen aus, die inhaltlich in die folgenden Sätze passen. Bilde jeweils die nach Kasus, Numerus und Genus passende Adjektivform, setze sie in die Lücken ein und übersetze die Sätze. Achtung: Jedes Adjektiv darf nur einmal verwendet werden!**

acer – amoenus – celer – fessus – iratus – longus – magnus – miser – multi

a) Iter ________________ pueris ________________ non placet.

b) Itaque ________________ voce flent et finem itineris desiderant.

c) ________________ verbis patrem rogant:

d) „Cur non redimus? Equi ________________ non sunt et sol ________________ nos vexat.

e) Iter ________________ non est. ________________ quidem sumus!“

f) Sed pater ________________ imperat: „Tacete!“

Plateaulektion 16 – 20

Formen zuordnen

1 **Ordne den folgenden Substantiven jeweils die nach Kasus, Numerus und Genus entsprechende Form von** is, ea, id **zu. Achtung: Einige Formen der Substantive und Pronomina sind mehrdeutig. Jedes Wort darf aber nur einmal verwendet werden.**

_______________ calamitatis

_______________ civitates

_______________ copiam

_______________ gentium

_______________ mercatore

_______________ muros

_______________ nuntii

_______________ praedae

_______________ pueris

_______________ timorem

iis – eas – eius – eo – ei – earum – eum – eos – ii – eam

2 **Zu jedem der folgenden Substantive passen zwei Adjektivformen nach Kasus, Numerus und Genus. Ordne diese einander zu und übersetze die Verbindungen:**

acer – acrem – acri – bonos – celeres – celeribus – fessum – finitimae – infestae – irato – iucundus – laetis – longam – magnarum – praeclararum – pulchrum

corpus _______________ / _______________

____

equos _______________ / _______________

____

gentis _______________ / _______________

____

hosti _______________ / _______________

____

cum liberis _______________ / _______________

____

pugnam _______________ / _______________

____

sol ______________________ / ______________________

____

urbium ______________________ / ______________________

____

Formen bilden

3 **Substantiv sucht Adjektiv! – Bilde die nach Kasus, Numerus und Genus passende Adjektivform. Setze die neu gebildeten Substantiv-Adjektiv-Verbindungen dann in den anderen Numerus.**

in agro (amplus): ____

____

iter (longus): ____

____

bellum (ultimus): ____

____

civium (iratus): ____

____

civitati (praeclarus): ____

____

convivam (fessus): ____

____

dolore (acer): ____

____

mare (altus): ____

____

pace (iucundus): ____

____

pueros (celer): ____

____

Einen Text bearbeiten

4 is, ea, id: **Forme den Text so um, dass du die eingeklammerten Wörter und Wortverbindungen durch ein passendes Pronomen ersetzt. Übersetze dann den neuen Text.**

Romani saepe bellum cum gentibus infestis gerebant et saepe ______________ (gentes) superabant. Multos captivos Romam ducebant. Ibi ______________ (captivos) in foro vendebant.

Multi Romani bene cum servis agebant. ______________ (Servis) etiam liberos suos mandabant, nam multi magistri servi erant. ______________ (Magistri) liberos multa et necessaria docebant.

Saepe ______________ (liberos) litteras Graecas docebant. Nam Romani ______________ (litteras Graecas) amabant.

Das kann ich schon!

Mit diesem Test kannst du selbst prüfen, wie sicher du den Stoff der Lektionen 16 – 20 beherrschst und anwenden kannst. Die Ziffern am linken Rand geben dir einen Hinweis, wo du in der Grammatik bei der entsprechenden Lektion nachschlagen kannst.
Kreuze zuerst an, wie gut du nach deiner eigenen Einschätzung die verschiedenen Anforderungen erfüllen kannst: sicher, teilweise sicher oder nicht sicher.
In der rechten Spalte sind die Übungen im Schülerband (SB) und im Arbeitsheft (AH) angegeben, mit denen du dann die jeweiligen Aufgaben gezielt bearbeiten kannst, um deine Kompetenzen zu verbessern. Viel Erfolg!

1. Sprachkompetenz

		sicher	teilweise sicher	nicht sicher	
16	Ich kann die Komposita von esse im Indikativ Präsens, Imperfekt und Perfekt erkennen und bilden.				**AH** S. 57, Ü 2/S. 58, Ü 4
16	Ich kann das Personalpronomen der 1. und 2. Person erkennen und im Kontext bilden.				**SB** S. 95, Ü 1, Ü 2 /S. 97, Ü 4, Ü 5 **AH** S. 57, Ü 3
17	Ich kann die Formen des Indikativ Plusquamperfekt in allen Konjugationen erkennen und bilden.				**SB** S. 101, Ü 5, Ü 6 /S. 105, Ü 3 **AH** S. 59, Ü 1, Ü2/S. 60, Ü 3
17	Ich kenne die Formen des Personalpronomens und kann sie bilden.				**SB** S. 99, Ü 3/ S. 101, Ü 4 **AH** S. 61, Ü 5
18	Ich kann die Formen des Pronomens is, ea, id erkennen, übersetzen und bilden.				**SB** S. 103, Ü 1, Ü 2 **AH** S. 63, Ü 2, Ü 3
19	Ich kann die Substantive der 3. Deklination (i-Stämme) deklinieren und sie von den übrigen Substantiven der 3. Deklination unterscheiden.				**AH** S. 65, Ü 2
19	Ich kenne die Verben, nach denen im Lateinischen ein AcI steht.				**SB** S. 110, Ü 3
20	Ich kann das Verbum ire in allen bekannten Tempora konjugieren.				**SB** S. 112, Ü 2, Ü 3/S. 114, Ü 4, Ü 5 **AH** S. 68, Ü 1, Ü 2
20	Ich kenne einige Adjektive der 3. Deklination und kann sie deklinieren.				**SB** S. 112, Ü 1/S. 114, Ü 3 **AH** S. 69, Ü 3, Ü 4

Selbsteinschätzung nach den Lektionen 16 – 20

2. Textkompetenz

16	Ich kann die Komposita von esse in einem kleinen Kontext richtig ergänzen und die Wendungen dann übersetzen.		**AH** S. 58, Ü 5
17	Ich kann das Zeitverhältnis in einem Satzgefüge richtig bestimmen.		**SB** S. 101, Ü 7
18	Ich kann die Verwendung des Pronomens is, ea, id als Demonstrativ-, Personal- und Possessivpronomen in kleinen Texten richtig bestimmen und entsprechend übersetzen.		**SB** S. 105, Ü 4, Ü 5/S. 106, Ü 6, Ü 7 **AH** S. 64, Ü 4
19	Ich kann einen AcI in einem lateinischen Satz übersetzen.		**AH** S. 66, Ü 3
20	Ich kann in einem lateinischen Satz einen AcI bilden und den Satz entsprechend übersetzen.		**SB** S. 110, Ü 4/S. 66, Ü 4
21	Ich kann die treffende Bedeutung von Adjektiven in unterschiedlichem Kontext nennen.		**SB** S. 115, Ü 7 **AH** S. 70, Ü 6

3. Kulturkompetenz

	Ich kenne die Bedeutung des römischen Saturnalienfestes im Vergleich mit heutigen Festen.		**SB** S. 101, Ü 8
	Ich kann den Weg und den Ablauf eines römischen Triumphzuges ungefähr beschreiben.		**SB** S. 106, Ü 8–10 **AH** S. 62, Ü 1
	Ich kenne den Unterschied zwischen einer villa urbana und einer villa rustica.		**SB** S. 111

4. Methodenkompetenz

	Ich kann die Bedeutung von Komposita durch die Kenntnis des verbum simplex selbstständig ableiten.		**SB** S. 97, Ü 6
	Ich kann aus den bekannten Vokabeln ein Sachfeld zum Thema „Seefahrt“ zusammenstellen.		**AH** S. 67, Ü 5
	Ich kann aus den bekannten Vokabeln ein Sachfeld zum Thema „Bewegen und Reisen“ zusammenstellen.		**SB** S. 114, Ü 1
	Ich kann das Fortleben lateinischer Vokabeln in deutschen Wörtern erkennen und mithilfe des Lateinischen die Bedeutung der deutschen Wörter erklären.		**SB** S. 97, Ü 7/S. 110, Ü 6

Lektion 21

Formen erkennen und zuordnen

1 **Perfekt im Perfekt? – Nenne die Stammformenreihe für die folgenden Infinitive und trage dann die 1. Person Singular Perfekt in die Tabelle nach ihrer Perfektbildung ein:**

agere – apparere – ardere – dormire – iubere – oppugnare – parere – reperire – respondere – sedere – sinere – tendere – timere – trahere – vincere

v-Perfekt	u-Perfekt	s-Perfekt	Dehnungsperfekt	Reduplikationsperfekt

2 **Pronomina und kein Ende? – Ordne die verschiedenen Pronomina, die hier jeweils im Akkusativ aufgelistet sind, richtig ein:**

meos – eum – vos – vestros – se – id – te – nostrum – tuum – eas – nos – eos – me

Demonstrativpronomen	Personalpronomen	Possessivpronomen	Reflexivpronomen der 3. Person

Formen bilden

3 **Ich und du … – Ergänze die Deklinationsreihe der Personalpronomina:**

	Singular		Plural	
	1. Person	2. Person	1. Person	2. Person
Nominativ	ego			
Genitiv		tui		
Dativ			nobis	
Akkusativ				vos
Ablativ	a me/mecum			

Formen bestimmen im Kontext

4 Er oder Wer? – Unterstreiche jeweils das Pronomen im AcI und stelle fest, ob Reflexivität vorliegt oder nicht. Unterstreiche in derselben Farbe das Substantiv, auf das sich das jeweilige Pronomen bezieht. Übersetze dann.

1. Pulcher servus atrium intrat et Eutychum videt. Dicit se esse servum Lucii Nonii patris et eum dominum suum esse.

____

____

2. Eutychus respondet se esse servum Lucii Nonii filii et eum esse filium domini Pulchri servi.

____

____

3. Eutychus explicat se heri cum domino et liberis advenisse. Dicit eos nunc in triclinio cenare.

____

____

4. Pulcher vitam Eutychi laudat et dicit eum vitam iucundam agere, se autem vitam miseram agere.

____

____

Einen Text bearbeiten

5 Aus Zwei mach Eins. – Forme jeweils den zweiten Satz in einen AcI um, der vom Prädikat des ersten Satzes abhängt, und übersetze dann den Satz:

C. Mucius adulescens ad senatores dicit: ______________________________

1. „Constat. Porsenna rex consilium cepit urbem Romam delere.

   Constat ______________________________

   ____

   ____

   ____

2. Non ignoro. In magno timore estis.

   Non ignoro ______________________________

   ____

   ____

   ____

3. Scitis. Paratus sum urbem nostram servare.“

Scitis ______________________________

____

____

____

Senatores Mucio respondent: ______________________________

4. „Non ignoramus. Urbem Romam servare non possumus.

Non ignoramus ______________________________

____

____

____

5. Sed scimus. Tibi magna virtus est.

Sed scimus ______________________________

____

____

____

6. Constat. Iam saepe civitatem nostram e periculis servavisti.“

Constat ______________________________

____

____

____

Lektion 22

Formen erkennen

1 **Velle und nicht velle – Achte auf den kleinen Unterschied. Bestimme die folgenden Formen und übersetze sie:**

a) vis — vivis

Bestimme: ______ ______

Übersetze: ______ ______

b) volumus — vocamus

Bestimme: ______ ______

Übersetze: ______ ______

c) volebant — videbant

Bestimme: ______ ______

Übersetze: ______ ______

d) volunt — vivunt

Bestimme: ______ ______

Übersetze: ______ ______

e) volo — voco

Bestimme: ______ ______

Übersetze: ______ ______

2 **Vorsicht Falle! – Welches Wort passt nicht in die Reihe? Begründe deine Wahl:**

a) brevi – audaci – cladi – omni ______

b) ingenti – potenti – omni – crevi ______

c) clari – gravi – tuti – miri ______

d) altis – potentis – fortis – ingentis ______

Formen bilden

3 **Drei Deklinationen gemischt! – Dekliniere lateinisch:**

	Singular	Plural
Nom.	rex clarus	
Gen.		
Dat.		
Akk.		
Abl.		

	Singular	Plural
Nom.	puella fortis	
Gen.		
Dat.		
Akk.		
Abl.		

	Singular	Plural
Nom.	iter breve	
Gen.		
Dat.		
Akk.		
Abl.		

4 **Die passende Form – Bestimme Kasus, Numerus und Genus des Substantivs und setze das Adjektiv in die entsprechende Form. Übersetze dann den Ausdruck:**

filiae Nominativ Plural femininum omnes (omnis)

Übersetzung: alle Töchter

clamorem ______________________ ______________________ (ingens)

Übersetzung: ______________________

poetarum ______________________ ______________________ (notus)

Übersetzung: ______________________

viro ______________________ ______________________ (fortis)

Übersetzung: ______________________

cum femina ________________ ________________ (potens)

Übersetzung: ________________

arma ________________ ________________ (gravis)

Übersetzung: ________________

militum ________________ ________________ (audax)

Übersetzung: ________________

donum ________________ ________________ (omnis)

Übersetzung: ________________

equos ________________ ________________ (celer)

Übersetzung: ________________

5 **Wandle um. – Bilde zunächst von nolle, dann von malle und velle die folgende Formenkette in deinem Heft:**

nolui → 3. Person Plural → Singular → Plusquamperfekt → 1. Person → Imperfekt → 3. Person Plural → Präsens → 3. Person Singular → 2. Person Plural → Singular → 1. Person Singular → Infinitiv Präsens

Einen Text bearbeiten

6 **Adjektive als Lückenfüller – Gehe folgendermaßen vor:**
Unterscheide die in Klammern gesetzten Adjektive nach a-/o-Deklination und nach 3. Deklination und unterstreiche sie mit zwei verschiedenen Farben.
Setze die Adjektive in die jeweils zum Bezugswort passende Form (KNG) und übersetze dann den Text schriftlich in dein Heft.

Quia multi homines in Graecia cibo egebant, ibi vitam ________________ (miser) agere noluerunt.

Itaque patriam ________________ (suus) reliquerunt et in Italiam navigaverunt.

Ibi oppida ________________ (novus) condiderunt. Postquam ________________ (nonnulli) oppida Graeca creverunt, Romani cum Graecis civitatibus ________________ (potens) bellum gesserunt, imprimis cum Tarentinis.

Quia Tarentini autem in libertate vivere voluerunt, a Pyrrho, rege ________________ (potens et audax), auxilium petiverunt. Romani pugnis ________________ (acer) clades ________________ (gravis) acceperunt. Pyrrhus autem copias ________________ (Romanus) vincere non potuit, quia multi milites ________________ (fortis) perierant.

Lektion 23

Formen bestimmen

1 Gute Beziehungen! – Unterstreiche in den folgenden Sätzen jeweils das Relativpronomen und sein Bezugswort. Bestimme dann genau den Kasus des Bezugswortes und des Relativpronomens und übersetze:

a) Hannibal, cuius copiae Alpes superaverant, cives Romanos terruit.

_______________ _______________

____

b) In eo itinere, quod Hannibal fecerat, multi elephanti perierant.

_______________ _______________

____

____

c) Nam plurimi elephanti, quos Hannibal secum habebat, labores itineris non sustulerunt.

_______________ _______________

____

____

d) Romani copias novas conscripserunt, quibus Poenos arcebant.

_______________ _______________

____

Formen bilden im Kontext

2 Sententiae Romanae – Ordne die folgenden lateinischen Sprichwörter der entsprechenden deutschen Übersetzung zu. Bilde dann das richtige Demonstrativpronomen, das man jeweils vor dem lateinischen Relativsatz ergänzen kann.

1. (__________) Quod licet Iovi, non licet bovi.
2. (__________) Qui tacet, consentit.
3. Nusquam est (__________), qui ubique est. (Seneca)
4. (__________) Qui dicit (__________), quae vult, audiet (__________), quae non vult. (Terenz)
5. Libenter homines (__________), quod volunt, credunt. (Caesar)

a) Wer schweigt, stimmt zu.
b) Wer sagt, was er will, wird hören, was er nicht will.
c) Die Menschen glauben gerne das, was sie (glauben) wollen.
d) Was dem Jupiter erlaubt ist, ist einem Rindvieh (noch lange) nicht erlaubt.
e) Nirgends ist, wer überall ist.

Einen Text bearbeiten

3 Relativpronomen gesucht! – Ergänze das jeweils passende Relativpronomen und übersetze dann:

a quibus	cui	cuius	quam	quem	qui	quod	quos

Cives Romani, ____________________ de clade gravi audiverant, in magno timore erant. Nam putaverunt ea clade, ____________________ copiae Romanae acceperant, etiam sibi mortem instare.

Itaque plurimi cives deis sacrificaverunt, ____________________ auxilium petiverunt. Sed P. Cornelius Scipio, ____________________ virtus omnibus Romanis nota erat, civitatem servavit.

Nam Scipio, ____________________ Romani summum imperium mandaverant, cum multis militibus, ____________________ conscripserat, Africam petivit et Carthaginem oppugnavit. Eo modo Hannibalem, ____________________ Carthaginienses iusserant in patriam redire, coegit Italiam relinquere. In eo proelio, ____________________ Scipio ad Zamam fecit, Hannibalem superavit.

4 Aus Zwei mach Eins. – Ordne die zweite Aussage als Relativsatz unter und übersetze:

a) Civitates Magnae Graeciae Pyrrhum adierunt. Pyrrhus rex Epiri erat.

b) Pyrrhus compluribus proeliis imperatores Romanos vicit. Proelia cum copiis Romanorum gessit.

c) Senatores de ea clade audiverunt. Cladem copiae Romanorum acceperant.

d) Itaque C. Fabricium ad Pyrrhum miserunt. C. Fabricius de captivis agere voluit.

e) Fabricius dona recusavit. Dona Pyrrhus rex ei dare voluit.

____

____

____

Informationen sammeln und auswerten – Antike Kultur

5 **Informiere dich in einem Lexikon oder im Internet über die drei Punischen Kriege, die die Römer gegen die Karthager geführt haben. Stelle auf einem Plakat jeweils den Anlass, die Dauer, die wichtigen Feldherren und das Ergebnis dieser drei Punischen Kriege zusammen.**

1. Punischer Krieg

Anlass: ______________________________

Dauer: ______________________________

Feldherren: ______________________________

Ergebnis: ______________________________

____

2. Punischer Krieg

Anlass: ______________________________

Dauer: ______________________________

Feldherren: ______________________________

Ergebnis: ______________________________

____

3. Punischer Krieg

Anlass: ______________________________

Dauer: ______________________________

(römischer) Feldherr: ______________________________

Ergebnis: ______________________________

____

Lektion 24

Formen erkennen

1 Zukunftssicher? – Markiere und übersetze nur die Futurformen:

a) dicet – gaudet – arcet – placet – coget – petet – paret – perdet – cupiet

____

____

b) pugnam – agam – laetam – vivam – invitaveram – veniam – numquam – regam – sententiam – dabam

____

____

Formen bilden

2 Blick in die Zukunft – Vervollständige die Tabelle entsprechend dem Beispiel:

	Infinitiv	Konjugation	b-, bi-, bu-Futur	a-, e-Futur	Übersetzung
parabit	parare	a-Konjugation	X		er, sie, es wird bereiten
neglegam					
gaudebunt					
accipiemus					
duces					
expugnabitis					
audient					
explicabo					
ardebimus					
exibunt					
omittes					
perveniet					

3 **Zukunftsängste – Durch das Erstarken Karthagos sieht Cato die Zukunft für das römische Volk düster. Bilde aus folgenden Silben Futurformen mit der angegebenen Bedeutung:**

ex	sta	ne	ti	le	ve	bunt	e	mus	de	ent	pug
ni	in	e	bi	mus	me	bo	con	ra	e	ge	bi
mo	tis	na	bit	ri	neg	mus	ri	spe	tis	pi	

sie werden erobern ______________________

ich werde ermahnen ______________________

wir werden vernachlässigen ______________________

ihr werdet zusammenkommen ______________________

es wird bevorstehen ______________________

wir werden fürchten ______________________

ihr werdet sein ______________________

sie werden entreißen ______________________

wir werden verzweifeln ______________________

Einen Text verstehen

4 **Richtig oder falsch? – Wenn du das Lesestück von Lektion 24 aufmerksam gelesen hast, kannst du beurteilen, ob folgende Aussagesätze richtig oder falsch sind. Du erhältst das Lösungswort, indem du die Buchstaben von unten nach oben liest.**

	richtig	falsch
Romani domini magni imperii erant.	S	B
Potestas Romanorum magna erat.	U	M
Poeni autem Catoni placuerunt.	A	I
Cato virtute multos senatores superavit.	R	T
Romani foedus neglexerunt.	P	O
Masinissa, rex Numidiae, Carthaginem non petivit.	E	S
Cato iterum atque iterum Romanos monebat.	N	A
Cato Carthaginem delere cupivit.	E	T
Tandem Poeni a Romanis non victi sunt.	L	C

LÖSUNGSWORT: __ __ __ __ __ __ __ __ __

Formen in einen Kontext einsetzen

5 Relativer Anschluss gesucht! – Setze das jeweils passende Relativpronomen ein und übersetze:

1. Romani civitates Magnae Graeciae, ______________ potentes erant, bello vincere voluerunt. 2. ______________ a Pyrrho, ______________ rex audax erat, auxilium petiverunt. 3. ______________ libenter in Italiam venit et Graecas civitates adiuvit. 4. Pyrrhus compluribus pugnis Romanos, ______________ potestas magna erat, vicit. 5. Senatores, postquam de clade, ______________ copiae Romanorum acceperant, audiverunt, Fabricium ad Pyrrhum regem miserunt. 6. ______________ cum Pyrrho rege de captivis egit. 7. Rex Fabricio multa dona, ______________ eum corrumpere voluit, apportavit. 8. Fabricius autem dona, ______________ Pyrrhus apportaverat, recusavit. 9. Fabricius, ______________ virtute Pyrrhus stupuit, de captivis agere voluit.

Lektion 25

Formen erkennen

1 **In diesem Formenkästchen sind elf Formen des Futur II versteckt. Suche zehn heraus, bestimme sie und nenne jeweils die Lernform. (Beachte: Zwei Formen sind von unten nach oben zu lesen.)**

L	A	U	D	A	V	E	R	I	S
C	E	G	E	R	I	T	O	T	I
E	R	I	D	E	D	E	G	I	R
R	F	U	E	R	O	B	A	R	E
F	U	E	R	I	N	T	V	E	L
C	E	L	I	M	E	M	E	U	L
A	R	V	M	U	P	T	R	R	E
P	O	T	U	E	R	O	I	R	F
I	R	T	S	I	R	E	T	E	E
P	O	T	U	E	R	I	N	T	F

Formen bilden

2 **Vom Präsens- in den Perfektstamm – Bilde nach dem folgenden Beispiel die jeweils entsprechende Form des Perfektstammes:**

laudo: 1. Person Singular Indikativ Präsens → Perfekt → laudavi

laudabas: 2. Person Singular Indikativ Imperfekt → Plusquamperfekt → laudaveram

laudabit: 3. Person Singular Indikativ Futur I → Futur II → laudaverit

studemus ______________ → ______________ → ______________

neglegent ______________ → ______________ → ______________

omittebam ______________ → ______________ → ______________

transibis ______________ → ______________ → ______________

cogit ______________ → ______________ → ______________

recusabatis ______________ → ______________ → ______________

cognoscam ______________ → ______________ → ______________

Formen bilden und im Kontext einsetzen

3 **Antike Hacker! – Einige junge Römer, die Catos Klagen nicht mehr hören können, haben einfach einige Wörter aus seiner Rede (Lesestück Lektion 25, Z. 16–20) gelöscht. Zum Glück konnten wenigstens die Infinitive und die Nominative gerettet werden. Versuche mit ihrer Hilfe, den Text wiederherzustellen, und übersetze ihn anschließend:**

dimittere – esse – neglegere – parere – perdere – perire – studere –
gloria – imperium – mores – pericula – philosophi – tempus

Cato adulescentes monet: „Si ________________ belli et mores Romanos ________________, non iam parati ________________ patriam nostram in ________________ defendere. Nisi verbis meis ________________ neque ________________ ________________, vos urbem nostram et imperium nostrum brevi ________________ ________________! Si vos autem ________________ maiorum ________________, ________________ nostrum numquam ________________."

Übersetzung: ____

____

____

____

____

ullstein bild – AISA

Ein Sachfeld bilden

4 **Stelle aus den Vokabeln des ersten Bandes ein Sachfeld zum Thema „Reden und Sprechen" zusammen. Unterscheide dabei nach Verben der mündlichen Äußerung, nach Personen, die sich in der Öffentlichkeit äußern, nach verschiedenen Formen der mündlichen Äußerung und nach möglichen Orten des öffentlichen Sprechens. In den Klammern ist jeweils die etwa zu erreichende Anzahl von lateinischen Wörtern angegeben.**

Verben der mündlichen Äußerung (15)

____

____

____

Personen, die sich in der Öffentlichkeit äußern (11)

Formen der mündlichen Äußerung (6)

Orte des öffentlichen Sprechens (2)

Plateaulektion 21 – 25

Formen erkennen

1 **Vorsicht Falle! – Welche Form passt nicht in die Reihe? Begründe deine Wahl:**

a) vis – non vis – mavis – brevis ______________________________

b) crevi – potenti – ingenti – audaci ______________________________

c) aedificium – otium – omnium – proelium ______________________________

d) copiam – capiam – gloriam – philosophiam ______________________________

2 **Substantiv, Adjektiv oder Verb? – Ordne die folgenden Wörter in der Tabelle nach Wortarten und bestimme sie jeweils genau:**

a) audaces – audies – complures – consules (2) – gentes – geres – omnes – omittes – potentes – preces

Substantiv	Adjektiv	Verb

b) acri – adii – agri – belli – bibi – brevi – forti – fratri – fugi – genti – gessi – gravi

Substantiv	Adjektiv	Verb

Formen bilden

3 **Nichts als Wünsche! – Ersetze die Formen von cupere durch velle und malle:**

cupere	velle	malle
cupis		
cupit		
cupiunt		
cupiam		
cupiemus		
cupivisti		
cupiveramus		
cupivero		

4 **Tempuswechsel – Welche Vokale musst du jeweils einsetzen, um mit der vorgegebenen Form verschiedene Tempora zu bilden? Bestimme die Form anschließend:**

a) fuer__t ____________________

fuer__t ____________________

b) laudaver__nt ____________________

laudaver__nt ____________________

laudaver__nt ____________________

c) er__mus ____________________

er__mus ____________________

d) reg__s ____________________

reg__s ____________________

Lösungsteil

Lektion 1

1 waagrecht: cur? warum? – est: er, sie, es ist – salve! Sei gegrüßt! – tandem: schließlich, endlich – dominus: der Herr – serva: die Sklavin – familia: die Hausgemeinschaft
senkrecht: cessare: zögern, sich nicht beeilen – diu: lange – et: und – venire: kommen – non: nicht – iam: schon, bereits – ubi? wo?

2

Verb	Substantiv	Adverb
exspectare gaudere salutare venire	domina filius serva servus	diu iam tandem

3
a) Quintus veni-t. – Quintus kommt.
b) Nonia saluta-t. „Salve!“ – Nonia grüßt: „Hallo!“
c) Nonia gaude-t. – Nonia freut sich.
d) Dominus exspecta-t. – Der Herr wartet.
e) „Cur servus cessa-t? – „Warum beeilt sich der Sklave nicht?
f) Cur non appropinqua-t?“ – Warum kommt er nicht näher?
g) Tandem servus veni-t. – Endlich kommt der Sklave.

4

	Verbstamm	Konjugation	Infinitiv
intrat	intra-	a-Konjugation	intrare, betreten
gaudet	gaude-	e-Konjugation	gaudere, sich freuen
salutat	saluta-	a-Konjugation	salutare, begrüßen
venit	veni-	i-Konjugation	venire, kommen
exspectat	exspecta-	a-Konjugation	exspectare, erwarten
appropinquat	appropinqua-	a-Konjugation	appropinquare, sich nähern

5 Familia iam exspectat. Servus non venit. Cur cessat? Tandem Eutychus servus appropinquat, intrat, salutat. Dominus gaudet, etiam domina gaudet.
Die Hausgemeinschaft wartet schon. Der Sklave kommt nicht. Warum beeilt er sich nicht? Endlich nähert sich der Sklave Eutychus, tritt ein und grüßt. Der Herr freut sich, auch die Herrin freut sich.

Beilage zu „Agite Arbeitsheft L. 1–25“, Best.-Nr. 010427

6

Lektion 2

1 waagrecht: tandem: endlich, schließlich – ibi: dort – et: und – ubi? wo? – hic: hier – quid? was – nam: denn, nämlich

senkrecht: iam: schon, bereits – subito: plötzlich – cur? warum? – hodie: heute – etiam: auch, sogar – diu: lange – non: nicht

2 vocare – venire – explicare – intrare – salutare – ambulare – gaudere – appropinquare – ridere – cessare – stupere

Bewegung	Gefühlsäußerung	sprachliche Äußerung
intrare: betreten	stupere: staunen	vocare: rufen, nennen
ambulare: spazieren gehen	gaudere: sich freuen	explicare: erklären
appropinquare: sich nähern	ridere: lachen	salutare: grüßen
venire: kommen		
cessare: zögern		

3

Infinitiv Präsens	3. Person Singular	3. Person Plural
vocare: rufen	vocat: er, sie, es ruft	vocant: sie rufen
ridere: lachen	ridet: er, sie, es lacht	rident: sie lachen
cenare: essen	cenat: er, sie, es isst	cenant: sie essen
dormire: schlafen	dormit: er, sie, es schläft	dormiunt: sie schlafen
gaudere: sich freuen	gaudet: er, sie, es freut sich	gaudent: sie freuen sich
venire: kommen	venit: er, sie, es kommt	veniunt: sie kommen
intrare: betreten	intrat: er, sie, es betritt	intrant: sie betreten
tacere: schweigen	tacet: er, sie, es schweigt	tacent: sie schweigen

4 a) Nonia et Quintus rident. – Nonia und Quintus lachen. b) Eutychus salutat. – Eutychus grüßt. c) Davus cenat. – Davus isst. d) Eutychus et Davus dormiunt. – Eutychus und Davus schlafen. e) Dominus et domina ambulant. – Der Herr und die Herrin gehen spazieren.

5 Quintus iam diu exspectat, nam Eutychus non venit. Tandem appropinquat.
Domina et dominus gaudent, nam Marcus et Aurelia veniunt.
Amici intrant et salutant. Tum familia et amici cenant.
Quintus wartet schon lange, denn Eutychus kommt nicht. Endlich nähert er sich. Der Herr und die Herrin freuen sich, denn Marcus und Aurelia kommen. Die Freunde treten ein und grüßen. Dann essen die Familie und die Freunde.

Lektion 3

1 a) taberna (Nominativ Singular femininum der a-Deklination, die anderen sind Akkusativ Plural neutrum) – b) frumentum (Nominativ/Akkusativ Singular neutrum der o-Deklination, die anderen sind Akkusativ Singular masculinum der o-Deklination) – c) vina (Nominativ/Akkusativ Plural neutrum der o-Deklination, die anderen sind Nominativ Singular femininum der a-Deklination) – d) templum (Nominativ/Akkusativ Singular neutrum der o-Deklination, die anderen sind Adverbien oder Konjunktionen)

2
a) templa: Nominativ/Akkusativ Plural neutrum von templum, der Tempel
b) vident: 3. Person Plural, von videre, sehen
c) servos: Akkusativ Plural masculinum von servus, der Sklave
d) statuam: Akkusativ Singular femininum von statua, das Standbild, die Säule
e) audit: 3. Person Singular von audire, hören
f) frumentum: Nominativ/Akkusativ Singular neutrum von frumentum, das Getreide
g) Marcus: Nominativ Singular masculinum

3 parieren: parere, gehorchen – statisch: statua, die Statue – Video: videre, sehen – monumental: monumentum, das Denkmal – Audio: audire, hören – spektakulär: spectare, betrachten – Labor: laborare, arbeiten – Vokal: vocare, rufen

4

Nominativ Singular	Akkusativ Singular	Nominativ Plural	Akkusativ Plural
domina	dominam	dominae	dominas
templum	templum	templa	templa
servus	servum	servi	servos
vinum	vinum	vina	vina
porta	portam	portae	portas
hortus	hortum	horti	hortos

5 a) Die Herrin ruft ihre Sklaven. – b) Die Sklaven gehorchen und beeilen sich. – c) Auf dem Marktplatz sind Tempel und Statuen. – d) Der Sklave Eutychus betrachtet die Tempel und Statuen. – e) Davus aber ermahnt Eutychus: – f) „Der Herr und die Herrin warten schon lange auf die Sklaven.“

6 a) Es gibt jeweils acht verschiedene Möglichkeiten im Maskulinum und im Femininum:
Dominus amicum monet. Dominus amicos monet.
Domini amicum monent. Domini amicos monent.
Dominum amicus monet. Dominos amicus monet.
Dominum amici monent. Dominos amici monent.
Domina amicum monet. Dominae amicum monent.
Domina amicos monet. Dominae amicos monent
Dominam amicus monet. Dominas amicus monet.
Dominam amici monent. Dominas amici monent.

b) Es gibt jeweils mindestens acht verschiedene Möglichkeiten im Maskulinum und acht im Femininum, insgesamt 32:

Filius servum audit.	Filius servos audit.	Filii servum audiunt.	Filii servos audiunt.
Filium servus audit.	Filios servus audit.	Filium servi audiunt.	Filios servi audiunt.
Filia servam audit.	Filia servas audit.	Filiae servam audiunt.	Filiae servas audiunt.
Filiam serva audit.	Filias serva audit.	Filiam servae audiunt.	Filias servae audiunt.

Weitere Kombinationen sind möglich nach dem Muster:
Filia servum audit. Filia servos audit. etc.

Lektion 4

1

Verb	Substantiv
laudas: 2. Pers. Sg. von laudare, loben apportas: 2. Pers. Sg. von apportare, herbeibringen dormis: 2. Pers. Sg. von dormire, schlafen cenas: 2. Pers. Sg. von cenare, essen monetis: 2. Pers. Pl. von monere, mahnen tacetis: 2. Pers. Pl. von tacere, schweigen venitis: 2. Pers. Pl. von venire, kommen	fabulas: Akk. Pl. fem. von fabula, die Geschichte portas: Akk. Pl. fem. von porta, die Tür dominis: Dat. Pl. masc./fem. von dominus/domina, der Herr/die Herrin cenas: Akk. Pl. fem. von cena, die Mahlzeit monumentis: Dat. Pl. neutr. von monumentum, das Denkmal tabernis: Dat. Pl. fem. von taberna, der Laden verbis: Dat. Pl. neutr. von verbum, das Wort

2 amicis: den Freunden – statuae: der Statue – templa: die Tempel – fora: die Marktplätze – filiam: die Tochter – portae: der Tür – theatro: dem Theater – dominos: die Herren

3

Infinitiv	Verbstamm	2. Person Singular	2. Person Plural
venire	veni-	venis	venitis
respondere	responde-	respondes	respondetis
amare	ama-	amas	amatis
spectare	specta-	spectas	spectatis
audire	audi-	audis	auditis

4

1. Person Singular	Verbstamm	1. Person Plural	Infinitiv
ambulo	ambula-	ambulamus	ambulare
dormio	dormi-	dormimus	dormire
intro	intra-	intramus	intrare
paro	para-	paramus	parare
pareo	pare-	paremus	parere

5 Filia dormit. → Filiae dormiunt: Die Töchter schlafen. – Servus venit. → Servi veniunt: Die Sklaven kommen. – Domina servas monet. → Dominae servas monent: Die Herrinnen ermahnen ihre Sklavinnen. – Filius templum videt. → Filii templum vident: Die Söhne sehen den Tempel. – Fabula amico non placet. → Fabulae amico non placent: Die Geschichten gefallen dem Freund nicht. – Dominus filiis fabulam explicat. → Domini filiis fabulam explicant: Die Herren erklären ihren Söhnen die Geschichte.

Lektion 5

1
a) tabulas: Akkusativ Plural femininum, Substantiv der a-Deklination; die anderen sind jeweils Verben der a-Konjugation in der 2. Person Singular
b) vina: Nominativ/Akkusativ Plural neutrum, Substantiv der o-Deklination; die anderen sind jeweils Verben der a-Konjugation im Imperativ Singular
c) fora: Nominativ/Akkusativ Plural neutrum, Substantiv der o-Deklination; die anderen sind jeweils Verben der a-Konjugation im Imperativ Singular
d) saepe: Adverb; die anderen sind jeweils Verben der e-Konjugation im Imperativ Singular
e) subito: Adverb; die anderen sind jeweils Verben der a-Konjugation in der 1. Person Singular
f) hortum: Akkusativ Singular masculinum, Substantiv der o-Deklination; die anderen sind jeweils Nominativ/Akkusativ Singular neutrum der o-Deklination

2

Vokativ Singular a-Deklination	serva	filia	domina
Imperativ Singular a-Konjugation	specta!	intra!	recita!
Nominativ Plural o-Deklination Neutrum	monumenta	templa	frumenta

Vokativ Singular o-Deklination auf -us	serve	amice	domine
Imperativ Singular e-Konjugation	mone!	salve!	vide!
Adverb	mane	hodie	valde

Vokativ Singular o-Deklination auf -ius	fili	Luci	Corneli
Vokativ Plural o-Deklination	amici	filii	domini
Imperativ Singular i-Konjugation	audi!	veni!	reperi!

3

Infinitiv	Verbstamm	Imperativ Singular	Imperativ Plural
laborare	labora-	labora!	laborate!
recitare	recita-	recita!	recitate!
ridere	ride-	ride!	ridete!
dormire	dormi-	dormi!	dormite!

4 a) Ubi statuae sunt? Fragesatz: Wo sind die Statuen?
b) Familia convivas iam diu exspectat. Aussagesatz: Die Familie erwartet schon lange die Gäste.
c) Properate et videte, amici! Aufforderungssatz: Beeilt euch und seht, Freunde!
d) Cur hodie non laboras, fili? Fragesatz: Warum arbeitest du heute nicht, mein Sohn?
e) Domino aquam apporta! Aufforderungssatz: Bring dem Herrn Wasser!
f) Hic templa et statuas videtis. Aussagesatz: Hier seht ihr Tempel und Statuen.
g) Properate, amici! Aufforderungssatz: Beeilt euch, Freunde!
h) Quid tam diu cessatis? Fragesatz: Was zögert ihr so lange?
i) Servi domino parent. Aussagesatz: Die Sklaven gehorchen dem Herrn.

Plateaulektion 1 – 5

1 a) etiam ist eine Konjunktion; die anderen sind Substantive der a-Deklination im Akkusativ Singular femininum
b) vocas ist 2. Person Singular Indikativ Präsens der a-Konjugation; die anderen sind jeweils Substantive der a-Deklination im Akkusativ Plural femininum
c) reperi ist Imperativ Singular; die anderen sind Substantive der o-Deklination im Genitiv Singular/Nominativ Plural masculinum oder Genitiv Singular neutrum
d) atrio ist ein Substantiv der o-Deklination im Dativ Singular neutrum; die anderen sind Verben der i-Konjugation in der 1. Person Singular Indikativ Präsens
e) frumentis ist ein Substantiv der o-Deklination im Dativ Plural neutrum; die anderen sind Verben in der 2. Person Plural
f) serve ist ein Substantiv der o-Deklination im Vokativ Singular masculinum; die anderen sind Verbformen im Imperativ Singular

2 a) familia b) triclinium c) tablinum d) forum Romanum
e) taberna f) convivium g) tabula et stilus h) libellus

3

Infinitiv	Verbstamm	2. Pers. Plur. Ind. Präs.	Imperativ Plural
adiuvare	adiuva-	adiuvatis	adiuvate!
respondere	responde-	respondetis	respondete!
venire	veni-	venitis	venite!
apparere	appare-	apparetis	apparete!
amare	ama-	amatis	amate!
reperire	reperi-	reperitis	reperite!

4 a)

Subjekt	Dativ-Objekt	Akkusativ-Objekt	Prädikat
Servi	Marco	litteras	apportant
Die Sklaven bringen Marcus Briefe.			

b)

Subjekt	Dativ-Objekt	Akkusativ-Objekt	Prädikat
Marcus	amicis	litteras	recitat
Markus liest seinen Freunden die Briefe vor.			

c)

Subjekt	Dativ-Objekt	Akkusativ-Objekt	Prädikat
Lucius	convivis	convivium	parat
Lucius bereitet den Gästen ein Gastmahl vor.			

d)

Subjekt	Dativ-Objekt	Akkusativ-Objekt	Prädikat
Servi – servae	domino	cibos	laborant – parant
Die Sklaven arbeiten, die Sklavinnen bereiten dem Herrn Speisen vor.			

Lektion 6

1
a) veni ist Imperativ Singular; die anderen sind Substantive der o-Deklination im Genitiv Singular neutrum bzw. Genitiv Singular/Nominativ Plural masculinum
b) forum ist Nominativ/Akkusativ Singular neutrum der o-Deklination; die anderen sind Genitiv Plural masculinum bzw. neutrum der o-Deklination
c) scis ist 2. Person Singular Indikativ Präsens; die anderen sind Substantive der a- und o-Deklination im Dativ Plural masculinum/femininum
d) simulacrum ist Nominativ/Akkusativ Singular neutrum der o-Deklination; die anderen sind Genitiv Plural der a-Deklination

2 equus Cornelii: das Pferd des Cornelius/Cornelius' Pferd – libellus Iuliae: das Buch der Julia/Julias Buch – filius Lucii Nonii: der Sohn des Lucius Nonius/Lucius Nonius' Sohn – lecti servorum: die Betten der Sklaven/die Sklavenbetten – templum deorum: der Tempel der Götter/der Göttertempel – simulacra dearum: die Bilder der Göttinnen

3 templum dei → templa deorum: die Tempel der Götter/die Göttertempel – portae templorum → porta templi: die Tür des Tempels/die Tempeltür – simulacrum deae → simulacra deorum: die Bilder der Götter/die Götterbilder – ludus filii → ludi filiorum: die Spiele der Söhne – epistulae amicae → epistula amicarum: der Brief der Freundinnen

4

Nom. Sg.	Gen. Sg.	Akk. Sg.	Nom. Pl.	Gen. Pl.	Akk. Pl.
ludus	ludi	ludum	ludi	ludorum	ludos
deus	dei	deum	dei	deorum	deos
spectaculum	spectaculi	spectaculum	spectacula	spectaculorum	spectacula
filius	filii	filium	filii	filiorum	filios

equus	equi	equum	equi	equorum	equos
simulacrum	simulacri	simulacrum	simulacra	simulacrorum	simulacra

5 Minerva dea sapientiae est. (1d): Minerva ist die Göttin der Weisheit. – Eutychus servus Nonii est. (2f): Eutychus ist der Sklave des Nonius (Nonius' Sklave). – Nonia filia Calpurniae est. (3a): Nonia ist die Tochter der Calpurnia (Calpurnias Tochter). – Mercurius nuntius deorum est. (4b): Merkur ist der Bote der Götter (der Götterbote). – Calpurnia domina Cynthiae est. (5c): Calpurnia ist die Herrin der Cynthia (Cynthias Herrin). – Quintus filius Calpurniae est. (6e): Quintus ist der Sohn der Calpurnia (Calpurnias Sohn).

6 Was sehen die Zuschauer vor den Wettkämpfen? – simulacra deorum
Was findet dort statt? – ludus, spectaculum
Was machen die Zuschauer? – intrare, visitare, spectare, videre, celebrare
Wo kämpfen die Gespanne? – arena, circus
Wer nimmt teil? – equi, aurigae

Lektion 7

1
a) bonam ist ein Adjektiv, die anderen sind Substantive im Akkusativ Singular femininum der a-Deklination
b) vinum ist ein Substantiv der o-Deklination im Nominativ/Akkusativ Singular neutrum; die anderen sind Adjektive
c) sum ist 1. Person Singular Indikativ Präsens von esse; die anderen sind Konjunktionen bzw. Adverbien
d) mando ist 1. Person Singular Indikativ Präsens der a-Konjugation; die anderen sind Adjektive der o-Deklination im Dativ Singular masculinum/neutrum
e) estis ist 2. Person Plural Indikativ Präsens von sum; die anderen sind Substantive der a- und o-Deklination im Dativ Plural masculinum/femininum

2 a) Marcus fessus est. Markus ist müde. – b) Etiam Nonia fessa est. Auch Nonia ist müde. – c) Eutychus servus fidus est. Der Sklave Eutychus ist treu/Eutychus ist ein treuer Sklave. – d) Thermas visitare iucundum est. Thermen zu besuchen, ist angenehm. – e) Ludi varii sunt. Die Spiele sind verschiedenartig.

3
a) Lucius Nonius et Quintus filius ludos visitant. Lucius: „Amo ludos praeclaros.“
Lucius Nonius und sein Sohn Quintus besuchen die Spiele. Lucius sagt: „Ich liebe die herrlichen Spiele.“
b) Quintus: „Ego magnam copiam equorum amo.“
Quintus entgegnet: „Ich liebe die große Menge (der) Pferde.“
c) Magna turba Romanorum circo appropinquat et intrat.
Eine große Schar Römer nähert sich dem Zirkus und betritt ihn.
d) Servi simulacra praeclara deorum et dearum apportant.
Die Sklaven bringen herrliche Bilder der Götter und Göttinnen herbei.
e) Tum Lucius et Quintus multos equos vident.
Dann sehen Lucius und Quintus viele Pferde.

4 a) Amici fidi sunt. Die Freunde sind treu. – b) Etiam amicae fidae sunt. Auch die Freundinnen sind treu. – c) Servi boni sunt. Die Sklaven sind tüchtig. – d) Templa magna sunt. Die Tempel sind groß. – e) Cenae incundae sunt. Die Mahlzeiten sind angenehm. – f) Theatra praeclara sunt. Die Theater sind prächtig. – g) Cibi varii sunt. Die Speisen sind verschiedenartig.

5

Wortart	Substantiv	Substantiv	Adjektiv	Verb
Beispielsatz	Marcus et Quintus	thermas	praeclaras	visitant.
Satzglied	Subjekt	Akkusativ-Objekt	Attribut	Prädikat

Marcus und Quintus besuchen die prachtvollen Thermen.

Wortart	Substantiv	Adjektiv	Hilfsverb
Beispielsatz	Thermae	praeclarae	sunt.
Satzglied	Subjekt	Prädikatsnomen	Kopula
		Prädikat	

Die Thermen sind prachtvoll.

Wortart	Verb	Adjektiv	Hilfsverb
Beispielsatz	Ambulare	iucundum	est.
Satzglied	Subjekt	Prädikatsnomen	Kopula
		Prädikat	

Spazieren zu gehen ist angenehm.

Wortart	Substantiv	Substantiv	Substantiv	Adjektiv	Verb
Beispielsatz	Amici	togas et tunicas	servo	fido	mandant.
Satzglied	Subjekt	Akkusativ-Objekt	Dativ-Objekt	Attribut	Prädikat

Die Freunde vertrauen ihre Togen und Tuniken dem treuen Sklaven an.

Wortart	Substantiv	Adjektiv	Hilfsverb
Beispielsatz	Servus	bonus	est.
Satzglied	Subjekt	Prädikatsnomen	Kopula
		Prädikat	

Der Sklave ist tüchtig.

Lektion 8

1

	a-Deklination	o-Deklination masc.	o-Deklination neutr.
Ablativ Singular	fabula iniuria conviva	nuntio domino deo	vino imperio frumento
Ablativ Plural	tabulis viis litteris	equis hortis cibis	gaudiis templis verbis

aedificia: Nominativ/Akkusativ Pl. neutr. – filiam: Akkusativ Sg. femininum – otium: Nominativ/Akkusativ Sg. neutrum – dominae: Genitiv/Dativ Sg., Nominativ/Vokativ Pl. femininum – amice: Vokativ Sg. masculinum – verbi: Genitiv Sg. neutrum – convivia: Nominativ/Akkusativ Pl. neutrum – curas: Akkusativ Pl. femininum – deae: Genitiv/Dativ Sg., Nominativ/Vokativ Pl. femininum – orno: 1. Person Singular Indikativ Präsens von ornare – audis: 2. Person Singular Indikativ Präsens von audire

2 aedificium antiquum → aedificio antiquo → aedificiis antiquis → aedificia antiqua → aedificium antiquum → aedificii antiqui → aedificiorum antiquorum → aedificiis antiquis → aedificio antiquo → aedificium antiquum

3 Te multis curis libero. – Ich befreie dich von vielen Sorgen.
Pecunia necessaria caremus. – Wir haben das notwendige Geld nicht.
Convivae vino fessi sunt. – Die Gäste sind vom Wein müde.
Servae cibis variis cenam parant. – Die Sklavinnen bereiten mit verschiedenen Speisen die Mahlzeit vor.
Dominus filium multis verbis laudat. – Der Herr lobt seinen Sohn mit vielen Worten.
Domina nuntio bono valde gaudet. – Die Herrin freut sich sehr über die gute Nachricht.

4
a) Hic videtis Circum Maximum. Ibi Nonia et Quintus equos spectant.
Hier seht ihr den Circus Maximus. Dort betrachten Nonia und Quintus die Pferde.
b) Hic est templum antiquum. Romani saepe deos et deas rogant.
Hier ist ein alter Tempel. Die Römer bitten oft die Götter und Göttinnen.
c) Basilica magna est. – Die Basilika ist groß.
d) Forum Romanum medium imperii Romani est.
Das Forum Romanum ist der Mittelpunkt des römischen Reiches.
e) Statuae praeclarae Romanis valde placent.
Die herrlichen Statuen gefallen den Römern sehr.
f) Nonia et Quintus tabernas non visitant, nam pecunia carent.
Nonia und Quintus suchen die Tabernen nicht auf, denn sie haben kein Geld.

Lektion 9

1 a villa: vom Landhaus her – per viam sacram: durch die Heilige Straße – ad forum: zum Marktplatz (Forum) – post magnum aedificium: hinter dem großen Gebäude – ante aram dei: vor dem Altar des Gottes – in thermis: in der Badeanstalt – de spectaculis narrat: er erzählt von den Schauspielen

2

dominus et filius	Kasus, Numerus, Genus	vir et puer
domini et filii	Genitiv Singular masculinum (Nominativ/Vokativ Plural masculinum)	viri et pueri
dominum et filium	Akkusativ Singular masculinum	virum et puerum
cum domino et filio	Ablativ Singular masculinum	cum viro et puero
dominorum et filiorum	Genitiv Plural masculinum	virorum et puerorum
dominos et filios	Akkusativ Plural masculinum	viros et pueros
dominis et filiis	Dativ/Ablativ Plural masculinum	viris et pueris

3

Substantiv mit Adjektiv	Nominativ Singular	Übersetzung
1. c) templa sacra	templum sacrum	der geweihte Tempel
2. e) puellam pulchram	puella pulchra	das hübsche Mädchen
3. g) simulacrorum dextrorum	simulacrum dextrum	das rechte Götterbild
4. a) virum clarum	vir clarus	der berühmte Mann
5. f) gaudio magno	gaudium magnum	die große Freude
6. b) aedificii sinistri	aedificium sinistrum	das linke Gebäude
7. d) in lecto dextro	lectus dexter	die rechte Liege

4 Viri et feminae in foro sunt. – Männer und Frauen sind auf dem Forum.
Davus et Eutychus per forum ad templum properant. –
Davus und Eutychus eilen über das Forum zum Tempel.
Ante templum summi dei statuam spectant. –
Vor dem Tempel des obersten Gottes betrachten sie die (eine) Statue.
Davus Eutycho de summo deo narrat. – Davus erzählt Eutychus von dem obersten Gott.

5 Wie verehren die Römer die Götter? – sacrificare, donum dare
Die Namen der wichtigsten römischen Götter – Iuppiter, Iuno, Minerva, Apollo, Mercurius
Die Orte, an denen die Götter verehrt werden – templum, Capitolium, ara, cella
Das sollen die Götter für die Römer tun – curis liberare, pericula prohibere, Romanos servare

Lektion 10

1

Verben		Substantive	
1. P. Sg. Impf.	**2. P. Sg. Impf.**	**Akk. Sg. fem.**	**Akk. Pl. fem.**
superabam monebam eram	narrabas appropinquabas eras audiebas	audaciam filiam curam	puellas curas deas amicas

2 a) arcebam → arcebamus → arcebat → arcebant → arcebas → arcebatis → arcere
b) erant → eras → eramus → eram → erat → eratis → esse
c) superare → superabat → superat → superant → superabant → superabam → supero → superas → superabas → superabatis → superatis → superate → superare

3 ihr gabt: da-ba-tis – du warst: e-ras – ihr erzählt: nar-ra-tis – sie finden: re-pe-ri-unt – sie hatten: ha-bebant – sie zeigt: de-mon-strat – ich liebe: a-mo – du hörtest: au-di-e-bas – wir wehren ab: ar-ce-mus – er übertraf: su-pe-ra-bat

4 a) Lucius et Quintus <u>magno cum gaudio</u> per forum ambulant. (ablativus modi)
Lucius und Quintus gehen mit großer Freude über das Forum spazieren.
b) Nonius filio aedificia fori <u>multis verbis</u> explicat. (ablativus instrumenti)
Nonius erklärt seinem Sohn mit vielen Worten die Bauwerke des Forums.
c) Tum in Capitolium ambulant. Lucius: „Ante multa saecula Romani Gallos <u>magna cum audacia a templo</u> summi dei arcebant. (ablativus modi, ablativus separativus)
Dann gehen sie auf das Kapitol. Lucius sagt: „Vor vielen Jahrhunderten wehrten die Römer die Gallier mit großer Kühnheit vom Tempel des höchsten Gottes ab".
d) Iuppiter semper adversarios <u>a Roma</u> prohibet." (ablativus separativus)
Jupiter hält immer die Gegner von Rom fern."
e) Quintus: „Summo deo sacrificamus; nam <u>auxilio</u> dei gaudeo." (ablativus causae)
Quintus sagt: „Wir opfern dem höchsten Gott; denn ich freue mich über die Hilfe des Gottes."

5 a) Multi Galli Romae appropinquant.
Viele Gallier nähern sich Rom.
b) Galli forum Romanum occupant et templa pulchra delent.
Die Gallier besetzen das Forum Romanum und zerstören die schönen Tempel.
c) Muros altos Capitolii superare parant.
Sie schicken sich an, die hohen Mauern des Kapitols zu überwinden.
d) Sed Romani boni adversarios a templo sacro arcent et fugant.
Aber tüchtige Römer wehren die Gegner vom heiligen Tempel ab und schlagen sie in die Flucht.

Plateaulektion 6 – 10

1 a)

Substantiv	Verb
adversario: Dativ/Ablativ Singular masculinum von adversarius, der Feind	deleo: 1. Person Singular Indikativ Präsens von delere, zerstören
deo: Dativ/Ablativ Singular masculinum von deus, der Gott	do: 1. Person Singular Indikativ Präsens von dare, geben
dono: Dativ/Ablativ Singular masculinum von donum, das Geschenk	pervenio: 1. Person Singular Indikativ Präsens von pervenire, (wohin) gelangen
magistro: Dativ/Ablativ Singular masculinum von magister, der Lehrer	supero: 1. Person Singular Indikativ Präsens von superare, besiegen

b)

Substantiv	Verb
deas: Akkusativ Plural femininum von dea, die Göttin	das: 2. Person Singular Indikativ Präsens von dare, geben
feminas: Akkusativ Plural femininum von femina, die Frau	fugas: 2. Person Singular Indikativ Präsens von fugare, vertreiben
poetas: Akkusativ Plural masculinum von poeta, der Dichter	pugnas: 2. Person Singular Indikativ Präsens von pugnare, kämpfen
vias: Akkusativ Plural femininum von via, die Straße	vocas: 2. Person Singular Indikativ Präsens von vocare, rufen

c)

Substantiv	Verb
dominis: Dativ/Ablativ Plural masculinum (femininum) von dominus (domina), der Herr (die Herrin)	dormis: 2. Person Singular Indikativ Präsens von dormire, schlafen
liberis: Dativ/Ablativ Plural masculinum von liberi, die Kinder	liberatis: 2. Person Plural Indikativ Präsens von liberare, befreien
monumentis: Dativ/Ablativ Plural neutr. von monumentum, das Denkmal	monetis: 2. Person Plural Indikativ Präsens von monere, ermahnen
pueris: Dativ/Ablativ Plural masculinum von puer, der Junge	pervenis: 2. Person Singular Indikativ Präsens von pervenire, (wohin) gelangen

2 a) Circus Maximus b) thermae c) frigidarium d) palaestra
e) basilica f) Iuppiter Capitolinus g) ludus

3

Substantiv mit Adjektiv	Nominativ Singular/Übersetzung
audaciam magnam	audacia magna: der große Wagemut
equo pulchro	equus pulcher: das schöne Pferd
magistri boni	magister bonus: der tüchtige Lehrer
monumenta antiqua	monumentum antiquum: das alte Denkmal
nuntios sinistros	nuntius sinister: die unheilvolle Nachricht
poetarum clarorum	poeta clarus: der berühmte Dichter
viae sacrae	via sacra: die heilige Straße

4
a) Quintus und Nonia eilen durch die Straßen zum Forum Romanum.
b) Die Kinder sehen auf dem Forum viele alte Tempel
c) Quintus erzählt Nonia von den römischen Göttern:
d) „Die Götter halten viele Gefahren vom römischen Reich ab."

5

Lateinischer Name	Griechischer Name	Attribute	Machtbereich/Zuständigkeit
Apollo	Apollon	Leier	Musik, Dichtung; Weissagung
Bacchus	Dionysos	Weinreben	Wein
Diana	Artemis	Hirschkuh, Pfeil und Bogen	Jagd
Iuppiter	Zeus	Blitzbündel; Zepter mit Adler	Wetter; Vater der Götter und Menschen
Mars	Ares	Kriegsrüstung	Krieg
Minerva	Athene	Helm, Lanze, Schild	Weisheit, Wissenschaft
Neptunus	Poseidon	Dreizack	Meer und Gewässer
Venus	Aphrodite	Spiegel	Schönheit, Liebe

Lektion 11

1 waagrecht: capio: ich fasse, ergreife – dat: er, sie, es gibt – scis: du weißt – est: er, sie, es ist – licet: es ist erlaubt

senkrecht: petit: er, sie, es erstrebt, bittet – ornas: du schmückst – amabas: du liebtest

2

a-Konjugation	
1. Pers. Sing.	**3. Pers. Pl.**
laudo servo propero	laudant servant properant

e-Konjugation	
1. Pers. Sing.	**3. Pers. Pl.**
rideo taceo moneo	rident tacent monent

i-Konjugation	
1. Pers. Sing.	**3. Pers. Pl.**
scio reperio dormio	sciunt reperiunt dormiunt

Kons. Konjugation	
1. Pers. Sing.	**3. Pers. Pl.**
ago condo peto	agunt condunt petunt

Kons. Konjugation auf -io	
1. Pers. Sing.	**3. Pers. Pl.**
cupio capio	cupiunt capiunt

3

Präsens	Imperfekt	Übersetzung
peto	petebam	ich bat
regunt	regebant	sie lenkten
cupis	cupiebas	du wünschtest
circumdatis	circumdabatis	ihr umgabt
capimus	capiebamus	wir nahmen
lacesso	lacessebam	ich reizte
condit	condebat	er, sie, es gründete

4

a) petit → petimus → petebamus → petebam → peto → petunt → petebant → petebas → petis → petere

b) debet → debemus → debebamus → debebam → debeo → debent → debebant → debebas → debes → debere

c) cupit → cupimus → cupiebamus → cupiebam → cupio → cupiunt → cupiebant → cupiebas → cupis → cupere

5

1. e) Aeneas Italiam petebat. – Aeneas strebte nach Italien/versuchte, nach Italien zu gelangen.
2. c) Iulus Albam Longam condebat. – Iulus gründete Alba Longa.
3. a) Mars pater Romuli et Remi erat. – Mars war der Vater von Romulus und Remus.
4. b) Romulus oppidum muro circumdare cupiebat. – Romulus wünschte, die Stadt mit einer Mauer zu umgeben.
5. d) Remus Romulum verbis infestis lacessebat. – Remus reizte Romulus mit bösartigen Worten.

Lektion 12

1
a) dominum ist Akkusativ Singular masculinum der o-Deklination; die anderen sind Substantive der 3. Deklination im Genitiv Plural
b) patris ist Genitiv Singular masculinum der 3. Deklination; die anderen sind Substantive der a- und o-Deklination im Dativ/Ablativ Plural
c) doli ist Genitiv Singular masculinum der o-Deklination; die anderen sind Substantive der 3. Deklination im Dativ Singular
d) voco ist 1. Person Singular Indikativ Präsens; die anderen sind Substantive/Adjektive der o-Deklination im Dativ/Ablativ Singular
e) ecce bezeichnet einen Ausruf; die anderen sind Substantive der 3. Deklination im Ablativ Singular

2

femina	mulier	dominus	rex
feminam	mulierem	domino (2)	regi, rege
feminae (3)	mulieris, mulieri, mulieres	dominos	reges
feminarum	mulierum	dominis	regibus
feminis	mulieribus	domini (2)	regis, reges
feminas	mulieres	dominorum	regum

3

Nom. Sg.	Gen. Sg.	Abl. Sg.	Nom. Pl.	Gen. Pl.	Dativ Pl.
mulier	mulieris	muliere	mulieres	mulierum	mulieribus
rex	regis	rege	reges	regum	regibus
clamor	clamoris	clamore	clamores	clamorum	clamoribus
dolor	doloris	dolore	dolores	dolorum	doloribus
uxor	uxoris	uxore	uxores	uxorum	uxoribus
pater	patris	patre	patres	patrum	patribus

4

patris	→ patri	→ patrem
mulieri	→ mulierem	→ muliere
dolorum	→ dolis	→ dolos
horae	→ horae	→ horam
mater mea	→ matris meae	→ matri meae
timori magno	→ timorem magnum	→ timore magno
reges clari	→ regum clarorum	→ regibus claris
parentibus nostris	→ parentes nostros	→ parentibus nostris
clamorem magnum	→ clamore magno	→ clamores magni

5 Romulus rex Romanorum erat. Aliquando Romulus patres Sabinos cum mulieribus invitabat. Patres Sabini cum mulieribus suis filiisque Romam veniebant. Subito viri Romani filias Sabinas raptabant. Filiae in magno timore erant, patres et matres valde clamabant.
Romulus war der König der Römer. Einst lud Romulus die sabinischen Väter mit ihren Frauen ein. Die sabinischen Väter kamen mit ihren Frauen und Töchtern nach Rom. Plötzlich raubten die römischen Männer die sabinischen Töchter. Die Töchter waren in großer Furcht, die Väter und Mütter schrien sehr.

Lektion 13

1

	laudavi	ich habe gelobt	apportavimus	wir haben herbeigetragen	excitavisti
du hast erregt	parui	ich habe gehorcht	fui	ich bin gewesen	audivisti
du hast gehört	salutavit	er hat gegrüßt	stupuerunt	sie haben gestaunt	rogavit
er hat gefragt	apparuisti	du bist erschienen	visitavistis	ihr habt besucht	vocavimus
wir haben gerufen					

2

Präsens	Imperfekt	Perfekt
nuntiat	eram	laudavimus
instat	parebas	apparuit
sum	invitabamus	fuimus
	eratis	raptavimus
		placuit
		fuerunt
		audivimus

3

Adverb	Präposition	Subjunktion	Fragewort
tandem	ad	quia	cur?
denique	ab	postquam	quo?
libenter	ante		
quoque	per		

4

Präsens	Imperfekt	Perfekt
aedificat	aedificabat	aedificavit
imperas	imperabas	imperavisti
cenant	cenabant	cenaverunt
audio	audiebam	audivi
sum	eram	fui
stupent	stupebant	stupuerunt
apparet	apparebat	apparuit
narratis	narrabatis	narravistis
explicamus	explicabamus	explicavimus
pareo	parebam	parui

5

1. Diu Romulus rex civitatem regebat. – König Romulus regierte lange die Bürgerschaft.
2. Quia Romanis uxores non erant, rex saepe nuntios ad reges finitimos mittebat. – Weil die Römer keine Frauen hatten, schickte der König oft Boten zu den benachbarten Königen.
3. Reges, postquam verba nuntiorum audiverunt, civitatem visitabant et ludos spectabant. – Nachdem die Könige die Worte der Boten gehört hatten, besuchten sie die (römische) Bürgerschaft und sahen sich die Spiele an.
4. Sed subito Romani filias Sabinorum raptaverunt. – Aber plötzlich entführten die Römer die Töchter der Sabiner.
5. Itaque puellae in summo timore clamaverunt et Romanos rogaverunt: „Cur nos raptavistis?" – Daher schrien die Mädchen in höchster Angst und fragten die Römer: „Warum habt ihr uns geraubt?"

1. e) Postquam magnus anguis in templo apparuit, Tarquinius rex in summo timore erat. – Nachdem eine große Schlange im Tempel erschienen war, war König Tarquinius in höchster Furcht.
2. d) Postquam rex verba nuntiorum audivit, filios suos meque in Graeciam mittebat. – Nachdem der König die Worte der Boten gehört hatte, schickte er seine Söhne und mich nach Griechenland.
3. b) Postquam cum filiis regis in Graeciam properavi, sacerdotem Apollinis visitavimus. – Nachdem ich mit den Söhnen des Königs nach Griechenland geeilt war, suchten wir die Priesterin des Apoll auf.
4. c) Postquam verba sacerdotis audivimus, mihi terrae osculum dare placuit. – Nachdem wir die Worte der Priesterin gehört hatten, beschloss ich, der Erde einen Kuss zu geben.
5. a) Romani, postquam regem fugaverunt, mihi summum imperium mandaverunt. – Nachdem die Römer den König vertrieben hatten, übergaben sie mir die höchste Befehlsgewalt.

Lektion 14

	dolorum (2x)	dolum	donum
Bestimmung:	Gen. Pl. masc.	Akk. Sg. masc.	Nom./Akk. Sg. neutr.
Nom. Sg.:	dolus/dolor	dolus	donum
	filiarum	filiorum	fidorum
Bestimmung:	Gen. Pl. fem.	Gen. Pl. masc.	Gen. Plur. masc./neutr.
Nom. Sg.:	filia	filius	fidus, a, um
	magnum	magistrum	matrum
Bestimmung:	Akk. Sg. masc./neutr.	Nom. Sg. neutr./ Akk. Sg. masc.	Gen. Pl. fem.
Nom. Sg.:	magnus, a, um	magister	mater
	matri	mali	magni
Bestimmung:	Dat. Sg. fem.	Gen. Sg./Nom. Pl. masc.	Gen. Sg./Nom. Pl. masc.
Nom. Sg.:	mater	malus, a, um	magnus, a, um
	variis	viris	virtutis
Bestimmung:	Dat./Abl. Pl. masc./fem./neutr.	Dat./Abl. Pl. masc.	Gen. Sg. fem.
Nom. Sg.:	varius, a, um	vir	virtus

2 cum ceteris amicis: mit den übrigen Freunden – post cenam iucundam: nach der angenehmen Mahlzeit – in civitate finitima: in der benachbarten Bürgerschaft – clamoris magni: des großen Geschreis – corpora fessa: erschöpfte Körper – gentium praeclararum: der herrlichen Stämme – montium altorum: der hohen Berge – nuntium malum: die schlechte Nachricht – urbi novae: der neuen Stadt

3 Nominativ Singular: corpus pulchrum

→ corpora pulchra
- → corporibus pulchris ↓ corpori pulchro
- → corpora pulchra ↓ corpus pulchrum

→ corpori pulchro
- → corpore pulchro ↓ corporibus pulchris
- → corporis pulchri ↓ corporum pulchrorum

Nominativ Singular: gens infesta

→ gentes infestae
- → gentibus infestis ↓ genti infestae
- → gentes infestas ↓ gentem infestam

→ genti infestae
- → gente infesta ↓ gentibus infestis
- → gentis infestae ↓ gentium infestarum

Nominativ Singular: dominus miser

- domini miseri
  - dominis miseris → domino misero
  - dominos miseros → dominum miserum
- domino misero
  - domino misero → dominis miseris
  - domini miseri → dominorum miserorum

Nominativ Singular: monumentum praeclarum

- monumenta praeclara
  - monumentis praeclaris → monumento praeclaro
  - monumenta praeclara → monumentum praeclarum
- monumento praeclaro
  - monumento praeclaro → monumentis praeclaris
  - monumenti praeclari → monumentorum praeclarorum

4 Die Formen nach Wortarten geordnet:

Substantive		Verben		Adjektive	
Singular	Plural	Singular	Plural	Singular	Plural
clamor corporis gentis patri	copiis	clamo colis geris paravisti parui	sumus	parvi summus	novorum parvi

Die geordneten Formen im jeweils anderen Numerus:

Substantive		Verben		Adjektive	
Singular	Plural	Singular	Plural	Singular	Plural
copiae copia	clamores corporum gentium patribus	sum	clamamus colitis geritis paravistis paruimus	novi parvus	parvorum summi

5 Aliquando plebeius quidam cum copiis gentium infestarum pugnabat.
Dum pro patria pugnat, agrum non colebat. Itaque pecunia egebat et aes alienum virum miserum vexabat.
Plebeii, quia nulla iura habebant, irati erant: „Copiae Romanorum copias civitatum finitimarum superaverunt. Sed vita plebeiorum Romanorum misera est.“ Itaque plebs urbem relinquebat et Montem Sacrum petebat.
Tum autem copiae gentium finitimarum ad bellum cum Romanis paratae erant. Nunc patricii[2] auxilium plebeiorum petebant.
Plebeii autem clamabant: „Non iam pro patria bellum gerimus. Nunc patricii bellum gerere debent.“

Lektion 15

1

	Infinitiv Präsens	v-Perfekt	u-Perfekt	s-Perfekt	Dehnungsperfekt	Übersetzung
cepi	capere				X	ich habe gefasst
tenuistis	tenere		X			du hast gehalten
gesserunt	gerere			X		sie haben getragen
ambulavisti	ambulare	X				du bist spazieren gegangen
reliquit	relinquere				X	er, sie, es hat zurückgelassen
diximus	dicere			X		wir haben gesagt
convenerunt	convenire				X	sie sind zusammengekommen
egui	egere		X			ich habe entbehrt
duxistis	ducere			X		ihr habt geführt
excitavisti	excitare	X				du hast angetrieben
fugit	fugere				X	er, sie, es ist geflohen

2 **3. Person Singular Präsens:** ducit, fugit, tacet, venit, contendit, imperat, tenet
3. Person Singular Perfekt: duxit, fugit, tacuit, venit, contendit, imperavit, tenuit

3

Infinitiv	Imperativ Sg.	Übersetzung	Imperativ Pl.	Übersetzung
venire	veni!	komm!	venite!	kommt!
fugere	fuge!	flieh!	fugite!	flieht!
clamare	clama!	schrei!	clamate!	schreit!
deponere	depone!	lege nieder!	deponite!	legt nieder!
tacere	tace!	schweig!	tacete!	schweigt!
ducere	duc!	führe!	ducite!	führt!
flectere	flecte!	beuge!	flectite!	beugt!
spectare	specta!	betrachte!	spectate!	betrachtet!
dicere	dic!	sag!	dicite!	sagt!
dimittere	dimitte!	entsende!	dimittite!	entsendet!

4

dicere	dico	dixi	sagen, sprechen
mittere	mitto	misi	schicken
monere	moneo	monui	ermahnen, erinnern
fugare	fugo	fugavi	in die Flucht schlagen, vertreiben
capere	capio	cepi	fassen, ergreifen, erobern
tenere	teneo	tenui	halten, festhalten
liberare	libero	liberavi	befreien
flectere	flecto	flexi	biegen, beugen

5 Veturia et Volumnia dixerunt: – Veturia und Volumnia sagten:
Consilium cepimus urbem nostram servare. – Wir fassten den Entschluss, unsere Stadt zu retten.
Itaque iram deposuimus et in castra Volscorum properavimus.
Daher legten wir unseren Zorn ab und eilten in das Lager der Volsker.
Tamen lacrimas non tenuimus: Coriolanus urbem nostram delere cupivit.
Trotzdem hielten wir unsere Tränen nicht zurück: Coriolan wollte unsere Stadt zerstören.
Tandem verbis et precibus animum Coriolani fleximus et urbem servavimus.
Schließlich haben wir mit Worten und Bitten Coriolan umgestimmt und unsere Stadt gerettet.

6 Rom hatte insgesamt sieben Könige. Der letzte hieß Tarquinius Superbus. Er wurde von Brutus vertrieben.

↓

Nach der Vertreibung der Könige: Auseinandersetzung der Römer mit den Nachbarstämmen. Die mächtigsten Nachbarn der Römer waren die Etrusker.

↓

In den unterworfenen Gebieten: Gründung von Kolonien mit römischen Bürgern. Andere Völker wurden zu Bundesgenossen gemacht, die die Römer in den Kriegen unterstützen mussten.

Plateaulektion 11 – 15

1

Präsens	Imperfekt	Perfekt
agis: du treibst, handelst arcetis: ihr wehrt ab cares: du entbehrst consulit: er, sie, es fragt um Rat convenis: du kommst zusammen stupet: er, sie, es staunt videt: er, sie, es sieht	agebas: du handeltest stupebat: er, sie, es staunte videbat: er, sie, es sah	arcuistis: du hast abgewehrt carui: ich habe entbehrt consuluit: er, sie, es hat um Rat gefragt convenistis: ihr seid zusammengetroffen stupuit: er, sie, es hat gestaunt tacui: ich habe geschwiegen vidit: er, sie, es hat gesehen

2

a-Konjugation	e-Konjugation	i-Konjugation	konsonantische Konjugation	konsonantische Konjugation auf -io
adiuvit: er, sie, es hat unterstützt T.: Perfekt	careo: ich entbehre T.: Präsens	audiebat: er, sie, es hörte T.: Imperfekt	agit: er, sie, es handelt T.: Präsens	capio: ich fange T.: Präsens
amavit: er, sie, es hat geliebt T.: Perfekt	debet: er, sie, es schuldet T.: Präsens	scivisti: du hast gewusst T.: Perfekt	colebatis: ihr verehrtet T.: Imperfekt	cupivistis: ihr habt gewünscht T.: Perfekt
cenavistis: ihr habt gespeist T.: Perfekt	delevit: er, sie, es hat zerstört T.: Perfekt	veniunt: sie kommen T.: Präsens	vixerunt: sie haben gelebt T.: Perfekt	eripit: er, sie, es entreißt T.: Präsens

3

		Setze in den anderen Numerus.	Setze ins Perfekt.	Setze in die folgende Person.	Setze ins Imperfekt.
Form:	colis ⇒	colitis ⇒	coluistis ⇒	coluerunt ⇒	colebant
Übersetzung:	du pflegst	ihr pflegt	ihr habt gepflegt	sie haben gepflegt	sie pflegten
Form:	debemus ⇒	debeo ⇒	debui ⇒	debuisti ⇒	debebas
Übersetzung:	wir müssen	ich muss	ich habe gemusst	du hast gemusst	du musstest
Form:	peto ⇒	petimus ⇒	petivimus ⇒	petivistis ⇒	petebatis
Übersetzung:	ich erstrebe	wir erstreben	wir haben erstrebt	ihr habt erstrebt	ihr erstrebtet
Form:	venimus ⇒	venio ⇒	veni ⇒	venisti ⇒	veniebas
Übersetzung:	wir kommen	ich komme	ich bin gekommen	du bist gekommen	du kamst
Form:	vivitis ⇒	vivis ⇒	vixisti ⇒	vixit ⇒	vivebat
Übersetzung:	ihr lebt	du lebst	du hast gelebt	er hat gelebt	er lebte

4 Coriolanus saepe pro patria <u>pugnabat</u>, sed subito urbem Romam reliquit. Nam postquam tribuni plebis virum praeclarum lacessiverunt, Coriolanus ad Volscos properavit. Dum ibi bellum <u>parat</u>, timor Romanos vexabat. Saepe <u>rogabant</u> „Cur Coriolanus consilium <u>cepit</u> patriam delere? Cur iam copiae hostium appropinquant?“
Tum Veturia, mater Coriolani, in castra hostium <u>properavit</u>. Iterum atque iterum filium monebat: „Vir Romanus semper pro patria pugnare <u>debet</u>.“
Coriolan kämpfte oft für das Vaterland, aber plötzlich <u>verließ</u> er die Stadt Rom. Denn nachdem die Volkstribune den berühmten Mann <u>gereizt hatten, eilte</u> Coriolan zu den Volskern. Während er dort einen Krieg vorbereitete, <u>quälte</u> die Angst die Römer. Oft fragten sie: „Warum hat Coriolan den Plan gefasst, die Heimat zu zerstören? Warum <u>nähern sich</u> schon die Truppen der Feinde?“
Da eilte Veturia, die Mutter Coriolans, in das Lager der Feinde. Immer wieder <u>mahnte sie</u> ihren Sohn: „Ein römischer Mann muss immer für seine Heimat kämpfen.“

5

Die Ständekämpfe in Rom

Verarmung der Plebs/Plebejer (einfaches Volk)
→ Unzufriedenheit mit den Patriziern (vornehme Bürger)
Protest: Auszug auf den *Mons Sacer* („secessio plebis")
→ Rückkehr der Plebejer nach Rom

Eingreifen des Menenius Agrippa: Geschichte vom Magen und den Gliedern.

eine Auseinandersetzung zur Zeit der Ständekämpfe: der Feldherr Coriolan läuft aus Wut über die Plebejer zu den Volskern über, wird dann aber von seiner Mutter Veturia zur Rückkehr bewegt.

Jahrhunderte andauernde Auseinandersetzungen

um 450 v. Chr.: Ein wichtiges Ergebnis der Ständekämpfe:
Erlass des 12 Tafel-Gesetzes, das auf dem Forum aufgestellt wurde.

Lektion 16

1
a) donum gehört nicht zum Sachfeld „(Gladiatoren)Spiele"
b) templum gehört nicht zum Sachfeld „Waren und Einkauf"
c) hortus gehört nicht zum Sachfeld „Krieg"
d) magister gehört nicht zum Sachfeld „Familie"
e) circus gehört nicht zum Sachfeld „Götter und Religion"
f) aedificium gehört nicht zum Sachfeld „Natur"
g) thermae gehört nicht zum Sachfeld „Seefahrt"
h) regnum gehört nicht zum Sachfeld „Gastmahl"
i) turba gehört nicht zum Sachfeld „Schule und Unterricht"
j) toga gehört nicht zum Sachfeld „Niederlage und Schmerz"

2 a) abest: abesse; er, sie, es ist abwesend – b) adest: adesse; er, sie, es ist anwesend
c) affuit: adesse: er, sie, es war anwesend, ist anwesend gewesen – d) afuit: abesse; er, sie, es fehlte, hat gefehlt – e) poterant: posse; sie konnten – e) potuerunt: posse; sie konnten, haben gekonnt

3 a) Magister ad discipulos: – Der Lehrer sagt zu den Schülern:
Cur me non salutatis? – Warum begrüßt ihr mich nicht?
Cur ludus vobis non placet? – Warum gefällt euch die Schule nicht?
Cur mihi non paretis? – Warum gehorcht ihr mir nicht?
b) Discipuli ad magistrum: – Die Schüler sagen zu dem Lehrer:
Tibi non paremus. – Dir gehorchen wir nicht.
Nam nos semper vexas, nobis semper imperas. – Denn du quälst uns immer, du befiehlst uns immer.

4 adsum → adest → adsunt → aderant → affuerunt → afuerunt → aberant → aberamus → absumus → possumus → poteramus → potuimus → potui → possum

5 a) Amicis adsumus. – b) Lucius ludis praeest. – c) A Roma absum. – d) Pecunia mihi deest. – e) Servi pugnis intersunt. – f) Multi servi pugnis non supersunt.

Lektion 17

1
a) currit: Präsens, er, sie, es läuft – cucurrit: Perfekt, er, sie, es ist gelaufen
b) biberant: Plusquamperfekt, sie hatten getrunken – bibebant: Imperfekt, sie tranken
c) perditis: Präsens, ihr verderbt – perdidistis: Perfekt, ihr habt verdorben
d) credimus: Präsens, wir glauben – credidimus: Perfekt, wir haben geglaubt
e) occurrerant: Plusquamperfekt, sie waren begegnet – occurrent: Futur, sie werden begegnen

2

Perfekt	Plusquamperfekt	Infinitiv Perfekt	Perfektbildung
recitavi	revitaveram	recitavisse	v-Perfekt
vendidimus	vendideramus	vendidisse	Reduplikation
vixisti	vixeras	vixisse	s-Perfekt
egit	egerat	egisse	Dehnung
adiuverunt	adiuverant	adiuvisse	Dehnung
perdidistis	perdideratis	perdidisse	Reduplikation
credidi	credideram	credidisse	Reduplikation
dedit	dederat	dedisse	Reduplikation
luserunt	luserant	lusisse	s-Perfekt
bibisti	biberas	bibisse	Reduplikation

3

superabas	superavisti	superaveras
du übertrafst	du hast übertroffen	du hattest übertroffen

dabam	dedi	dederam
ich gab	ich habe gegeben	ich hatte gegeben

ducebas	duxisti	duxeras
du führtest	du hast geführt	du hattest geführt

perdebat	perdidit	perdiderat
er, sie, es richtete zugrunde	er, sie, es hat zugrunde gerichtet	er, sie, es hatte zugrunde gerichtet

occurrebamus	occurrimus	occurreramus
wir liefen entgegen	wir sind entgegengelaufen	wir waren entgegengelaufen

tenebatis	tenuistis	tenueratis
ihr hieltet	ihr habt gehalten	ihr hattet gehalten

cognoscebant	cognoverunt	cognoverant
sie erkannten	sie haben erkannt	sie hatten erkannt

4 superfueras pugnae: du hattest den Kampf überlebt – mihi defuit tempus: mir hat die Zeit gefehlt – praefuimus copiis: wir haben an der Spitze der Truppen gestanden – interfuerant spectaculis: sie hatten an den Schauspielen teilgenommen – affueramus amicis: wir hatten den Freunden geholfen – afuerant a castris: sie waren vom Lager entfernt gewesen

5
a) Nonia in horto suo laboraverat. – Nonia hatte in ihrem Garten gearbeitet.
Nonias dicit: „In horto meo laboraveram."
b) Eutychus de vita sua narravit. – Eutychus hat über sein Leben erzählt.
Eutychus dicit: „De vita mea narravi."
c) Piratae de navibus suis narraverant. – Die Piraten hatten über ihre Schiffe erzählt.
Piratae dicunt: „De navibus nostris narraveramus."
d) Domina servos suos vocabat. – Die Herrin rief ihre Sklaven.
Domina dicit: „Servos meos vocabam."
e) Servi domino suo paruerunt. – Die Sklaven haben ihrem Herrn gehorcht.
Servi dicunt: „Domini nostro paruimus."
f) Romani urbem suam defenderant. – Die Römer hatten ihre Stadt verteidigt.
Romani dicunt: „Urbem nostram defenderamus."

Lektion 18

1

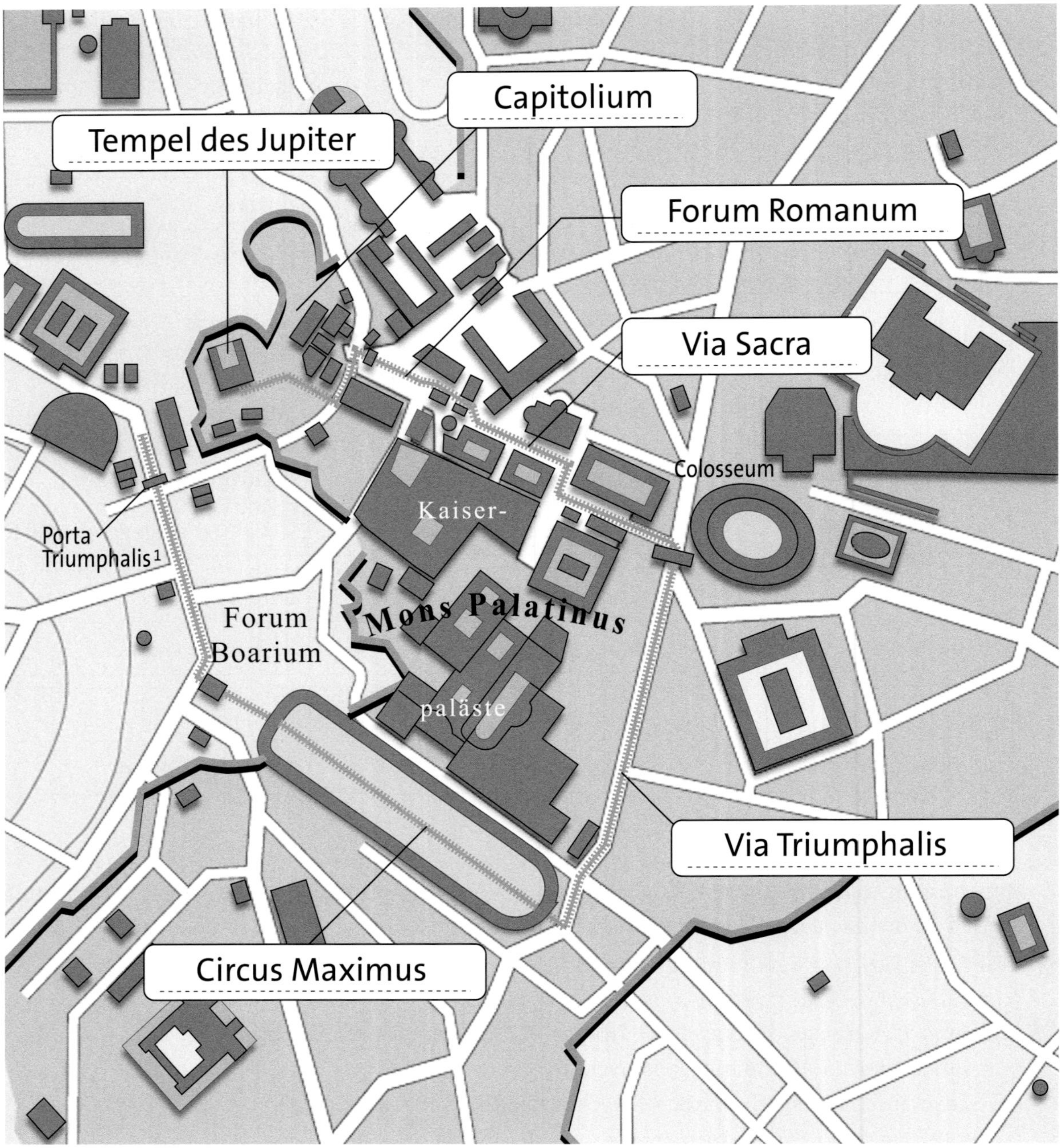

[1] Die genaue Lage der Porta Triumphalis ist in der Literatur umstritten.

2 ea legio → eius legionis → iis legionibus → eam legionem → iis legionibus→ earum legionum → ei legioni – eas legiones – ea legione → eae legiones

id agmen → eius agminis → ea agmina → id agmen → eo agmine → ea agmina → eorum agminum → ei agmini → iis agminibus → id agmen

is finis → eo fine → eos fines → ei fini → eorum finium → ii fines → iis finibus → eum finem → iis finibus → eius finis

3

eum triumphum videre	diesen Triumphzug sehen
id agmen ducere	diesen Heereszug führen
de ea pace gaudere	sich über diesen Frieden freuen
finem eius provinciae defendere	die Grenze dieser Provinz verteidigen
eos montes ascendere	diese Berge besteigen
iis copiis praeesse	an der Spitze dieser Truppen stehen
in id forum convenire	auf diesem Forum zusammenkommen
muros earum urbium delere	die Mauern dieser Städte zerstören
plus eius vini bibere	mehr von diesem Wein trinken
ei civi adesse	diesem Bürger helfen
eos hostes vincere	diese Feinde besiegen
in eas provincias mittere	in diese Provinzen schicken
ab iis finibus arcere	von diesen Grenzen abwehren
eam libertatem defendere	diese Freiheit verteidigen
se ei ludo dare	sich diesem Spiel widmen
cum ea amica forum visitare	mit dieser Freundin das Forum besuchen
ea templa visitare	diese Tempel besichtigen
ei amico credere	diesem Freund vertrauen

4 Imperator milites suos exspectat. – Der Feldherr erwartet seine Soldaten.
Iam equos eorum videt. – Schon sieht er deren (ihre) Pferde.
Tandem milites veniunt et signum suum salutant. –
Endlich kommen die Soldaten und grüßen ihr Feldzeichen.
Imperator virtutem militum suorum et arma eorum laudat. –
Der Feldherr lobt die Tapferkeit seiner Soldaten und deren (ihre) Waffen.
Imperator et milites victoria sua gaudent. –
Der Feldherr und seine Soldaten freuen sich über ihren Sieg.
Triumphus eorum Romanis placet. – Deren (Ihr) Triumph gefällt den Römern.

5 Substantive: triumphus, captive, milites, cives, agmen, victoria, legio, copiae
Junkturen: fines imperii defendere, triumphum celebrare, victoriam celebrare, forum petere, imperatorem salutare, foro appropinquare, triumphum spectare, „ave, imperator!"

Lektion 19

1 waagrecht: frumentum, das Getreide – navis: das Schiff – tempestas: das Unwetter – vendere: verkaufen – pirata: der Pirat – merces: die Waren – vinum: der Wein – raptare: rauben – mercator: der Kaufmann
senkrecht: nauta: der Seemann – mare: das Meer – emere: kaufen – naves: die Schiffe – oleum: das Olivenöl

2

mari alto:	Dativ (Ablativ) Singular neutrum – mare altum, das tiefe Meer
navium magnarum:	Genitiv Plural femininum – navis magna, das große Schiff
tempestates magnas:	Akkusativ Plural femininum – tempestas magna, der große Sturm
civis clari:	Genitiv Singular masculinum – civis clarus, der berühmte Bürger

hostes fessi:	Nominativ Plural masculinum – hostis fessus, der erschöpfte Feind
militi Romano:	Dativ Singular masculinum – miles Romanus, der römische Soldat
pacem bonam:	Akkusativ Singular femininum – pax bona, der gute Frieden
agmina longa:	Nominativ (Akkusativ) Plutral neutrum – agmen longum, der lange Heereszug

3
a) Wir wissen genau, dass der Vater Nonia und Quintus Ostia zeigt.
b) Sie hören, dass die Kaufleute vor ihren Läden schreien.
c) Wir wissen, dass viele Schiffe nach Ostia gekommen sind.
d) Es steht fest, dass die Gefahren des Meeres groß sind.
e) Es ist offensichtlich, dass Unwetter schon viele Schiffe zerstörten.

4
a) Scimus naves frumentum e Sicilia apportare. –
Wir wissen, dass die Schiffe Getreide aus Sizilien herbeischaffen.
b) Constat pericula maris magna esse. – Es steht fest, dass die Gefahren des Meeres groß sind.
c) Pater narrat Marcum Silanum mercatorem in ultimas terras navigavisse. –
Der Vater erzählt, dass der Kaufmann Marcus Silanus in die entferntesten Länder gefahren ist.
d) Audivimus piratas navem Silani cepisse. –
Wir haben gehört, dass Piraten das Schiff des Silanus gekapert haben.

5
Dazu konnte man die Schiffe nutzen – merces apportare, per maria navigare, terras ignotas videre
Das transportierten die Schiffe – merces, frumentum, oleum, vinum
Dies waren Gefahren der Seefahrt – piratae, tempestates
Dies machten die Piraten – naves capere, nautas in servitutem abducere

Lektion 20

1
senkrecht: peribo: 1. Person Singular Futur von perire – ite: Imperativ Plural von ire – ii: 1. Person Singular Perfekt von ire – eo: 1. Person Singular Präsens von ire – adis: 2. Person Singular von adire – it: 3. Person Singular von ire – adimus: 1. Person Plural Präsens (Perfekt) von adire – iniit: 3. Person Singular Perfekt von inire
waagrecht: i: Imperativ Singular von ire – ibas: 2. Person Singular Imperfekt von ire – ii: 1. Person Singular Perfekt von ire – it: 3. Person Singular Präsens von ire – isti: 2. Person Singular Perfekt von ire – eunt: 3. Person Plural Präsens von ire – exibam: 1. Person Singular Imperfekt von exire – redii: 1. Person Singular Perfekt von redire – ii: 1. Person Singular Perfekt von ire – isse: Infinitiv Perfekt von ire – isti: 2. Person Singular Perfekt von ire

2
eo: 1. Person Singular Präsens – eunt: 3. Person Plural Präsens – ibat: 3. Person Singular Imperfekt – ierunt: 3. Person Plural Perfekt – isse: Infinitiv Perfekt – ite: Imperativ Plural – ibam: 1. Person Singular Imperfekt

3

	Singular	Plural	Singular	Plural
Nom.	dominus acer	domini acres	puella celeris	puellae celeres
Gen.	domini acris	dominorum acrium	puellae celeris	puellarum celerium

Dat.	domino acri	dominis acribus	puellae celeri	puellis celeribus
Akk.	dominum acrem	dominos acres	puellam celerem	puellas celeres
Abl.	domino acri	dominibus acribus	puella celeri	puellis celeribus

4 navis celeris —> naves celeres → navibus celeribus → navi celeri → navem celerem → naves celeres → navium celerium → navis celeris → navi celeri → navis celeris

bellum acre → belli acris → bellorum acrium → bellis acribus → bello acri → bellum acre→ bella acria → bellis acribus → bello acri → bellum acre

5

ire	properare	currere	iter facere
isti	properavisti	cucurristi	iter fecisti
eunt	properant	currunt	iter faciunt
ibam	properabam	currebam	iter faciebam
is	properas	curris	iter facis
ieramus	properaveramus	cucurreramus	iter feceramus

6
a) Iter longum pueris miseris non placet. – Die lange Reise gefällt den armen Jungen nicht.
b) Itaque magna voce flent et finem itineris desiderant. –
Deshalb weinen sie laut und ersehnen das Ende der Reise.
c) Multis verbis patrem rogant. – Mit vielen Worten bitten sie ihren Vater:
d) „Cur non redimus? Equi celeres non sunt et sol acer nos vexat. –
Warum kehren wir nicht zurück? Die Pferde sind nicht schnell und die glühende Sonne quält uns.
e) Iter amoenum non est. Fessi quidem sumus!“ –
Der Weg ist nicht schön. Wir sind auf jeden Fall erschöpft!“
f) Sed pater iratus imperat: „Tacete!“ – Aber der erzürnte Vater befiehlt: „Schweigt!“

Plateaulektion 16 – 20

1 eius calamitatis – eas civitates – eam copiam – earum gentium – eo mercatore – eos muros – ii nuntii – ei praedae – iis pueris – eum timorem

2 corpus fessum/corpus pulchrum: der erschöpfte Körper/der schöne Körper
equos bonos/equos celeres: die guten Pferde/die schnellen Pferde
gentis finitimae/gentis infestae: des benachbarten Stammes/des feindlichen Stammes
hosti acri/hosti irato: dem heftigen Feind/dem erzürnten Feind
cum liberis celeribus/cum liberis laetis: mit den schnellen Kindern/mit den fröhlichen Kindern
pugnam acrem/pugnam longam: den heftigen Kampf/den langen Kampf
sol acer/sol iucundus: die stechende Sonne/die angenehme Sonne
urbium magnarum/urbium praeclararum: der großen Städte/der berühmten Städte

3 in agro amplo → in agris amplis – iter longum → itinera longa – bellum ultimum → bella ultima – civium iratorum → civis irati – civitati praeclarae → civitatibus praeclaris – convivam fessum → convivas fessos – dolore acri → doloribus acris → mare altum → maria alta – pace iucunda – pacibus iucundis → pueros celeres → puerum celerem

4 Romani saepe bellum cum gentibus infestis gerebant et saepe eas superabant. Multos captivos Romam ducebant. Ibi eos in foro vendebant.
Multi Romani bene cum servis agebant. Iis etiam liberos suos mandabant, nam multi magistri servi erant. Ii liberos multa et necessaria docebant. Saepe eos litteras Graecas docebant. Nam Romani eas amabant.
Die Römer führten oft mit feindlichen Stämmen Krieg und besiegten sie oft. Viele Gefangene führten sie nach Rom. Dort verkauften sie sie auf dem Forum.
Viele Römer gingen gut mit ihren Sklaven um. Sie übergaben ihnen ihre Kinder, denn viele Lehrer waren Sklaven. Diese lehrten die Kinder viel Nützliches (viele nützliche Dinge). Oft lehrten sie sie die griechische Literatur. Denn die Römer liebten sie.

Lektion 21

1

v-Perfekt	u-Perfekt	s-Perfekt	Dehnungsperfekt	Reduplikationsperfekt
dormivi	apparui	arsi	egi	repperi
oppugnavi	parui	iussi	sedi	respondi
sivi	timui	traxi	vici	tetendi

2

Demonstrativpronomen	Personalpronomen	Possessivpronomen	Reflexivpron. der 3. Pers.
eum	vos	meos	se
id	te	vestros	
eas	nos	nostrum	
eos	me	tuum	

3

	Singular		Plural	
	1. Person	2. Person	1. Person	2. Person
Nominativ	ego	tu	nos	vos
Genitiv	mei	tui	nostri	vestri
Dativ	mihi	tibi	nobis	vobis
Akkusativ	me	te	nos	vos
Ablativ	a me/mecum	a te/tecum	a nobis/nobiscum	a vobis/vobiscum

4 1. Pulcher servus atrium intrat et Eutychum videt. Dicit se esse servum *Lucii Nonii patris* et *eum* dominum suum esse.
Der Sklave Pulcher betritt das Atrium und sieht Eutychus. Er sagt, dass er (Pulcher) der Sklave des Lucius Nonius Vater ist und dass er (Lucius Nonius Vater) sein Herr ist.
2. Eutychus respondet se esse servum *Lucii Nonii filii* et *eum* esse filium domini Pulchri servi.
Eutychus antwortet, dass er (Eutychus) der Sklave des Lucius Nonius Sohn ist und dass er (Lucius Nonius Sohn) der Sohn des Herrn des Sklaven Pulcher ist.
3. Eutychus explicat se heri cum *domino et liberis* advenisse. Dicit *eos* nunc in triclinio cenare.
Eutychus erklärt, dass er (Eutychus) gestern mit seinem Herrn und dessen Kindern angekommen ist. Er sagt, dass sie (der Herr und seine Kinder) jetzt im Speisezimmer essen.
4. Pulcher vitam *Eutychi* laudat et dicit *eum* vitam iucundam agere, se autem vitam miseram agere.
Pulcher lobt das Leben des Eutychus und sagt, dass er (Eutychus) ein angenehmes Leben führe, er (Pulcher) aber ein elendes Leben führe.

5 C. Mucius adulescens ad senatores dicit: – Der junge Mann Caius Mucius sagt zu den Senatoren:
1. „Constat Porsennam regem consilium cepisse urbem Romam delere. –
Es ist bekannt, dass König Porsenna den Entschluss gefasst hat, die Stadt Rom zu zerstören.
2. Non ignoro vos in magno timore esse. – Ich weiß genau, dass ihr in großer Angst seid.
3. Scitis me paratum esse urbem nostram servare.“ –
Ihr wisst, dass ich bereit bin, unsere Stadt zu retten.
Senatores Mucio respondent: – Die Senatoren antworten Mucius:
4. „Non ignoramus nos urbem Romam servare non posse. –
Wir wissen genau, dass wir die Stadt Rom nicht retten können.
5. Sed scimus tibi magnam virtutem esse. – Aber wir wissen, dass du große Tapferkeit besitzt.
6. Constat te iam saepe civitatem nostram e periculis servavisse.“ –
Es ist bekannt, dass du schon oft unsere Stadt aus Gefahren gerettet hast.

Lektion 22

1 a) vis: 2. Person Singular Präsens von velle; du willst –
vivis: 2. Person Singular Präsens von vivere; du lebst
b) volumus: 1. Person Plural Präsens von velle; wir wollen –
vocamus: 1. Person Plural Präsens von vocare; wir rufen
c) volebant: 3. Person Plural Imperfekt von velle; sie wollten –
videbant: 3. Person Plural Imperfekt von videre; sie sahen
d) volunt: 3. Person Plural Präsens von velle; sie wollen –
vivunt: 3. Person Singular Präsens von vivere; sie leben
e) volo: 1. Person Singular Präsens von velle; ich will –
voco: 1. Person Singular Präsens von vocare; ich rufe

2 a) cladi ist ein Substantiv der 3. Deklination im Dativ Singular; die anderen sind Adjektive der 3. Deklination im Dativ/Ablativ Singular
b) crevi ist 1. Person Singular Indikativ Perfekt von crescere; die anderen sind Adjektive der 3. Deklination im Dativ/Ablativ Singular

c) gravi ist ein Adjektiv der 3. Deklination im Dativ/Ablativ Singular; die anderen sind Adjektive der o-Deklination im Genitiv Singular/Nominativ Plural masculinum
d) altis ist ein Adjektiv der a-/o-Deklination im Dativ/Ablativ Plural masculinum/femininum/neutrum; die anderen sind Adjektive der 3. Deklination im Genitiv Singular

3

	Singular	Plural
Nom.	rex clarus	reges clari
Gen.	regis clari	regum clarorum
Dat.	regi clari	regibus claris
Akk.	regem clarum	reges claros
Abl.	(cum) rege claro	(cum) regibus claris

	Singular	Plural
Nom.	puella fortis	puellae fortes
Gen.	puellae fortis	puellarum fortium
Dat.	puellae forti	puellis fortibus
Akk.	puellam fortem	puellas fortes
Abl.	(cum) puella forti	(cum) puellis fortibus

	Singular	Plural
Nom.	iter breve	itinera brevia
Gen.	itineris brevis	itinerum brevium
Dat.	itineri brevi	itineribus brevibus
Akk.	iter breve	itinera brevia
Abl.	in itinere brevi	in itineribus brevibus

4

filiae omnes (Nominativ Plural femininum)	alle Töchter
clamorem ingentem (Akkusativ Singular masculinum)	einen gewaltigen Schrei
poetarum notorum (Genitiv Plural masculinum)	der bekannten Dichter
viro forti (Dativ/Ablativ Singular masculinum)	dem mutigen Mann
cum femina potenti (Ablativ Singular femininum)	mit der mächtigen Frau
arma gravia (Nominativ/Akkusativ Plural neutrum)	die schweren Waffen
militum audacium (Genitiv Plural masculinum)	der kühnen Soldaten
donum omne (Nominativ/Akkusativ Singular neutrum)	jedes Geschenk
equos celeres (Akkusativ Plural masculinum)	die schnellen Pferde

5 nolui → noluerunt → noluit → noluerat → nolueram → nolebam → nolebant → nolunt → non vult → non vultis → non vis → nolo → nolle

malui → maluerunt → maluit → maluerat → malueram → malebam → malebant → malunt → mavult → mavultis → mavis → malo → malle

volui → voluerunt → voluit → voluerat → volueram → volebam → volebant → volunt → vult → vultis → vis → volo → velle

6 Quia multi homines in Graecia cibo egebant, ibi vitam miseram agere noluerunt. Itaque patriam suam reliquerunt et in Italiam navigaverunt. Ibi oppida nova condiderunt. Postquam nonnulla oppida Graeca creverunt, Romani cum Graecis civitatibus potentibus bellum gesserunt, imprimis cum Tarentinis. Quia Tarentini autem in libertate vivere voluerunt, a Pyrrho, rege potenti et audaci, auxilium petiverunt. Romani pugnis acribus clades graves acceperunt. Pyrrhus autem copias Romanas vincere non potuit, quia multi milites fortes perierant.

Adjektive der a-/o-Deklination: miser, suus, novus, nonnulli, Romanus
Adjektive der 3. Deklination: potens, potens et audax, acer, gravis, fortis

Übersetzung:
Weil viele Menschen in Griechenland keine Nahrung hatten, wollten sie dort nicht ein (kein) elendes Leben führen. Deshalb verließen sie ihre Heimat und segelten nach Italien. Dort gründeten sie neue Städte. Nachdem einige griechische Städte gewachsen waren, führten die Römer gegen die mächtigen griechischen Bürgerschaften Krieg, besonders gegen die Tarentiner. Weil die Tarentiner aber in Freiheit leben wollten, baten sie Pyrrhus, einen mächtigen und kühnen König, um Hilfe. Die Römer erlitten in erbitterten Schlachten schwere Niederlagen. Pyrrhus aber konnte die römischen Truppen nicht besiegen, weil viele tapfere Soldaten gefallen waren.

Lektion 23

1

a) Hannibal, cuius copiae Alpes superaverant, cives Romanos terruit.
Nominativ Singular masculinum — Genitiv Singular masculinum
Hannibal, dessen Truppen die Alpen überwunden hatten, erschreckte die römischen Bürger.

b) In eo itinere, quod Hannibal fecerat, multi elephanti perierant.
Ablativ Singular neutrum — Akkusativ Singular neutrum
Auf diesem Marsch, den Hannibal durchgeführt hatte, waren viele Elefanten zugrunde gegangen.

c) Nam plurimi elephanti, quos Hannibal secum habebat, labores itineris non sustulerunt.
Nominativ Plural masculinum — Akkusativ Plural masculinum
Denn sehr viele Elefanten, die Hannibal mit sich führte, ertrugen die Strapazen des Marsches nicht.

d) Romani copias novas conscripserunt, quibus Poenos arcebant.
Akkusativ Plural femininum — Ablativ Plural feminum
Die Römer hoben neue Truppen aus, mit denen sie die Punier abzuwehren versuchten.

2 1. d) (Id) Quod licet Iovi, non licet bovi.
2. a) (Is) Qui tacet, consentit.
3. e) Nusquam est (is), qui ubique est.
4. b) (Is) Qui dicit (ea), quae vult, audiet (ea), quae non vult.
5. c) Libenter homines (id), quod volunt, credunt

3 Cives Romani, qui de clade gravi audiverant, in magno timore erant. Nam putaverunt ea clade, quam copiae Romanae acceperant, etiam sibi mortem instare. Itaque plurimi cives deis sacrificaverunt, a quibus auxilium petiverunt. Sed P. Cornelius Scipio, cuius virtus omnibus Romanis nota erat, civitatem servavit. Nam Scipio, cui Romani summum imperium mandaverant, cum multis militibus, quos conscripserat, Africam petivit et Carthaginem oppugnavit. Eo modo Hannibalem, quem Carthaginienses iusserant in patriam redire, coegit Italiam relinquere. In eo proelio, quod Scipio ad Zamam fecit, Hannibalem superavit.

Die römischen Bürger, die von der schweren Niederlage gehört hatten, waren in großer Furcht. Denn sie glaubten, dass durch diese Niederlage, die die römischen Truppen erlitten hatten, auch ihnen der Tod bevorstehe. Daher opferten sehr viele Bürger den Göttern, von denen sie Hilfe erbaten. Aber P. Cornelius Scipio, dessen Tapferkeit allen Römern bekannt war, rettete den Staat. Denn Scipio, dem die Römer den Oberbefehl übergeben hatten, eilte mit vielen Soldaten, die er ausgehoben hatte, nach Afrika und belagerte Karthago. Auf diese Weise zwang er Hannibal, dem die Karthager befohlen hatten, in die Heimat zurückzukehren, Italien zu verlassen. In der Schlacht, die Scipio bei Zama schlug, besiegte er Hannibal.

4 a) Civitates Magnae Graeciae Pyrrhum, qui rex Epiri erat, adierunt. –
Die Städte Großgriechenlands suchten Pyrrhus, der der König von Epirus war, auf.
b) Pyrrhus compluribus proeliis, quae cum copiis Romanorum gessit, imperatores Romanos vicit. –
Pyrrhus besiegte in mehreren Gefechten, die er mit den Truppen der Römer führte, die römischen Feldherren.
c) Senatores de ea clade, quam copiae Romanorum acceperant, audiverunt. –
Die Senatoren haben von der Niederlage, die die Truppen der Römer erlitten hatten, gehört.
d) Itaque C. Fabricium, qui de captivis agere voluit, ad Pyrrhum miserunt. –
Daher schickten sie C. Fabricius, der über die Kriegsgefangenen verhandeln wollte, zu Pyrrhus.
e) Fabricius dona, quae Pyrrhus rex ei dare voluit, recusavit. –
Fabricius wies die Geschenke, die König Pyrrhus ihm geben wollte, zurück.

5 **1. Punischer Krieg:**
Anlass: Konflikt wegen der Hafenstadt Messana auf Sizilien
Dauer: 264–241 v. Chr.
Feldherren: Hamilkar Barkas – Caius Lutatius Catulus
Ergebnis: Abtretung Siziliens an die Römer

2. Punischer Krieg:
Anlass: Angriff Hannibals auf die mit den Römern verbündete Stadt Sagunt an der spanischen Mittelmeerküste
Dauer: 218–201 v. Chr.
Feldherren: Hannibal – Cornelius Scipio Africanus

Ergebnis: Karthago verliert die militärische und politische Selbstständigkeit. Karthago muss seine Flotte auflösen, verliert seine Besitzungen u. a. in Spanien und darf nur mit Zustimmung der Römer in Afrika Krieg führen.

3. Punischer Krieg:
Anlass: Rom erklärt Karthago den Krieg, um ein Wiedererstarken der Karthager zu verhindern.
Dauer: 149–146 v. Chr.
Feldherr: Cornelius Scipio Aemilianus
Ergebnis: Vollständige Zerstörung Karthagos

Lektion 24

1 a) dicet: er, sie, es wird sagen – coget: er, sie, es wird zusammenbringen – petet: er, sie, es wird bitten – perdet: er, sie, es wird zugrunde richten – cupiet: er, sie, es wird wünschen
b) agam: ich werde handeln – vivam: ich werde leben – veniam: ich werde kommen – regam: ich werden leiten

2

	Infinitiv	Konjugation	b-, bi-, bu-Futur	a-, e-Futur	Übersetzung
parabit	parare	a-Konjugation	X		er, sie, es wird bereiten
neglegam	neglegere	kons. Konj.		X	ich werde vernachlässigen
gaudebunt	gaudere	e-Konj.	X		sie werden sich freuen
accipiemus	accipere	kons. Konj.		X	wir werden annehmen
duces	ducere	kons. Konj.		X	du wirst führen
expugnabitis	expugnare	a-Konj.	X		ihr werdet erobern
audient	audire	i-Konj.		X	sie werden hören
explicabo	explicare	a-Konj.	X		ich werde erklären
ardebimus	ardere	e-Konj.	X		wir werden entbrannt sein
exibunt	exire	ire	X		sie werden herausgehen
omittes	omittere	kons. Konj.		X	du wirst aufgeben
perveniet	pervenire	i-Konj.		X	er, sie, es wird ankommen

3

sie werden erobern	ex – pug – na – bunt
ich werde ermahnen	mo – ne – bo
wir werden vernachlässigen	neg – le – ge – mus
ihr werdet zusammenkommen	con – ve – ni – e – tis
es wird bevorstehen	in – sta – bit
wir werden fürchten	ti – me – bi – mus
ihr werdet sein	e – ri – tis
sie werden entreißen	e – ri – pi – ent
wir werden verzweifeln	de – spe – ra – bi – mus

4 Lösungswort: C E N S O R I U S

5 1. Romani civitates Magnae Graeciae, quae potentes erant, bello vincere voluerunt. 2. Quae a Pyrrho, qui rex audax erat, auxilium petiverunt. 3. Qui libenter in Italiam venit et Graecas civitates adiuvit. 4. Pyrrhus compluribus pugnis Romanos, quorum potestas magna erat, vicit. 5. Senatores, postquam de clade, quam copiae Romanorum acceperant, audiverunt, Fabricium ad Pyrrhum regem miserunt. 6. Qui cum Pyrrho rege de captivis egit. 7. Rex Fabricio multa dona, quibus eum corrumpere voluit, apportavit. 8. Fabricius autem dona, quae Pyrrhus appportaverat, recusavit. 9. Fabricius, cuius virtute Pyrrhus stupuit, de captivis agere voluit.

1. Die Römer wollten die Bürgerschaften Großgriechenlands, die mächtig waren, im Krieg besiegen. 2. Diese baten (deshalb) Pyrrhus, der ein kühner König war, um Hilfe. 3. Dieser kam gern nach Italien und unterstützte die griechischen Bürgerschaften. 4. Pyrrhus besiegte in mehreren Schlachten die Römer, deren Macht groß war. 5. Nachdem die Senatoren von der Niederlage, die die Truppen der Römer erlitten hatten, gehört hatten, schickten sie Fabricius zu König Pyrrhus. 6. Dieser verhandelte mit König Pyrrhus über die Gefangenen. 7. Der König brachte für Fabricius viele Geschenke herbei, mit denen er ihn bestechen wollte. 8. Fabricius aber wies die Geschenke, die Pyrrhus herbeigebracht hatte, zurück. 9. Fabricius, über dessen Tugend Pyrrhus staunte, wollte über die Gefangenen verhandeln.

Lektion 25

1 waagrecht: laudaveris: 2. Person Singular Indikativ Futur II von laudare, loben – egerit: 3. Person Singular Indikativ Futur II von agere, treiben, handeln – fuero: 1. Person Singular Indikativ Futur II von esse, sein – fuerint: 3. Person Plural Indikativ Futur II von esse, sein – potuero: 1. Person Singular Indikativ Futur II von posse, können – potuerint: 3. Person Plural Indikativ Futur II von posse, können
senkrecht: fuero: 1. Person Singular Indikativ Futur II von esse, sein – dederimus: 1. Person Plural Indikativ Futur II von dare, geben – rogaverit: 3. Person Singular Indikativ Futur II von rogare, fragen – terruerit: 3. Person Singular Indikativ Futur II von terrere, erschrecken – fefelleris: 2. Person Singular Indikativ Futur II von fallere, täuschen
(Hinweis: Die letzten beiden Formen sind von unten nach oben im Formenkästchen angeordnet.)

2

studemus	1. Person Plural Indikativ Präsens	→ Perfekt	→ studuimus
neglegent	3. Person Plural Indikativ Futur I	→ Futur II	→ neglexerint
omittebam	1. Person Singular Indikativ Imperfekt	→ Plusquamperfekt	→ omiseram
transibis	2. Person Singular Indikativ Futur I	→ Futur II	→ transieris
cogit	3. Person Singular Indikativ Präsens	→ Perfekt	→ coegit
recusabatis	2. Person Plural Indikativ Imperfekt	→ Plusquamperfekt	→ recusaveratis
cognoscam	1. Person Singular Indikativ Futur I	→ Futur II	→ cognovero

3 Cato adulescentes monet: „Si gloriam belli et mores Romanos neglexeritis, non iam parati eritis patriam nostram in periculis defendere. Nisi verbis meis parueritis neque philosophos dimiseritis, vos urbem nostram et imperium nostrum brevi tempore perdetis! Si vos autem moribus maiorum studueritis, imperium nostrum numquam peribit."

Cato mahnte die jungen Männer: „Wenn ihr den Kriegsruhm und die römischen Sitten vernachlässigt, werdet ihr nicht mehr bereit sein, unsere Heimat in Gefahren zu verteidigen. Wenn ihr meinen Worten nicht gehorcht und die Philosophen nicht wegschickt, werdet ihr unsere Stadt und unser Reich in kurzer Zeit vernichten! Wenn ihr euch aber um die Sitten der Vorfahren bemüht, wird unser Reich niemals untergehen."

4 Verben der mündlichen Äußerung
accusare: anklagen – addere: hinzufügen – clamare: schreien – excitare: antreiben – explicare: erklären – imperare: einen Befehl erteilen – narrare: erzählen – negare: ablehnen, leugnen – nuntiare: melden, benachrichtigen – recitare: vorlesen – recusare: zurückweisen – respondere: antworten – salutare: grüßen – vocare: nennen, rufen (tacere: schweigen)

Personen, die sich in der Öffentlichkeit äußern
consul: der Konsul – imperator: der Feldherr, Kaiser – magister: der Lehrer – legatus: der Gesandte – nuntius: der Bote – patronus: der Anwalt – philosophus: der Philosoph – poeta: der Dichter – rex: der König – sacerdos: der Priester, die Priesterin – senator: der Senator

Formen der mündlichen Äußerung
clamor: das Geschrei – fabula: die Geschichte, Erzählung – nuntius: die Nachricht – oratio: die Rede – preces: die Bitten – sententia: die Meinung, der Satz

Orte des öffentlichen Sprechens
forum: der Marktplatz – ludus: das Schauspiel, die Schule

Plateaulektion 21 – 25

1
a) brevis ist ein Adjektiv der 3. Deklination im Nominativ/Genitiv Singular masculinum/femininum. Die anderen sind jeweils 2. Person Singular Indikativ Präsens von velle, nolle, malle.
b) crevi ist 1. Person Singular Indikativ Perfekt von crescere. Die anderen sind Adjektive der 3. Deklination im Dativ/Ablativ Singular masculinum, femininum, neutrum.
c) omnium ist ein Adjektiv der 3. Deklination im Genitiv Plural masculinum, femininum, neutrum. Die anderen sind Substantive der o-Deklination im Nominativ/Akkusativ Singular neutrum.
d) capiam ist 1. Person Indikativ Futur I von capere. Die anderen sind Substantive der a-Deklination im Akkusativ Singular femininum.

2 a)

Substantiv	Adjektiv	Verb
consules: Nominativ/Akkusativ Plural masculinum von consul	audaces: Nominativ/Akkusativ Plural masculinum/femininum von audax	audies: 2. Person Singular Indikativ Futur I von audire
gentes: Nominativ/Akkusativ Plural femininum von gens	complures: Nominativ/Akkusativ Plural masculinum/femininum von complures	consules: 2. Person Singular Indikativ Futur I von consulere
preces: Nominativ/Akkusativ Plural femininum von preces	omnes: Nominativ/Akkusativ Plural masculinum/femininum von omnis	geres: 2. Person Singular Indikativ Futur I von gerere
	potentes: Nominativ/Akkusativ Plural masculinum/femininum von potens	omittes: 2. Person Singular Indikativ Futur I von omittere

b)

Substantiv	Adjektiv	Verb
agri: Genitiv Singular/Nominativ Plural masculinum von ager	acri: Dativ/Ablativ Singular masculinum/femininum/neutrum von acer, acris, acre	adii: 1. Person Singular Indikativ Perfekt von adire
belli: Genitiv Singular neutrum von bellum	brevi: Dativ/Ablativ Singular masculinum/femininum/neutrum von brevis	bibi: 1. Person Singular Indikativ Perfekt von bibere
fratri: Dativ Singular masculinum von frater	forti: Dativ/Ablativ Singular masculinum/femininum/neutrum von fortis	fugi: 1. Person Singular Indikativ Perfekt von fugere
genti: Dativ Singular femininum von gens	gravi: Dativ/Ablativ Singular masculinum/femininum/neutrum von gravis	gessi: 1. Person Singular Indikativ Perfekt von gerere

3

cupere	velle	malle
cupis	vis	mavis
cupit	vult	mavult
cupiunt	volunt	malunt
cupiam	volam	malam
cupiemus	volemus	malemus
cupivisti	voluisti	maluisti
cupiveramus	volueramus	malueramus
cupivero	voluero	maluero

4 **Tempuswechsel. Welche Vokale musst Du jeweils einsetzen, um mit der vorgegebenen Form verschiedene Tempora zu bilden? Bestimme die Form anschließend.**

a) fuerat: 3. Person Singular Indikativ Plusquamperfekt von esse; fuerit: 3. Person Singular Indikativ Futur II von esse

b) laudaverant: 3. Person Plural Indikativ Plusquamperfekt von laudare; laudaverint: 3. Person Plural Indikativ Futur II von laudare; laudaverunt: 3. Person Plural Indikativ Perfekt von laudare

c) eramus: 1. Person Plural Indikativ Imperfekt von esse; erimus: 1. Person Plural Indikativ Futur I von esse

d) reges: 2. Person Singular Indikativ Futur I von regere; regis: 2. Person Singular Indikativ Präsens von regere

e) expugnabatis: 2. Person Plural Indikativ Imperfekt von expugnare; expugnabitis: 2. Person Plural Indikativ Futur I von expugnare

f) volemus: 1. Person Plural Indikativ Futur I von velle; volumus: 1. Person Plural Indikativ Präsens von velle

5 Lösungswort: VIRTUTES

e) expugnab__tis ______________________________

expugnab__tis ______________________________

f) vol__mus ______________________________

vol__mus ______________________________

Einen Text bearbeiten

5 **Richtig oder falsch? – Übersetze und entscheide, ob die folgenden Aussagesätze richtig oder falsch sind. Das Lösungswort ergibt sich aus den Buchstaben der richtigen Antworten, von unten nach oben gelesen. Es ist ein Begriff, der für die Römer sehr wichtig war.**

	richtig	falsch
C. Mucius adulescens paratus erat patriam hostibus liberare.	S	I
Cloelia puella Porsennam regem fugavit.	P	E
Pyrrhus rex copias Romanorum vicit et urbem Romam expugnavit.	S	T
Hannibal Alpes paucis cum militibus superavit.	C	U
Plurimi cives post cladem, quam copiae Romanae ad Cannas acceperant, de salute desperaverunt.	T	A
Denique P. Cornelius Scipio pacem cum Hannibale fecit.	D	R
M. Porcius Cato cives Romanos iterum atque iterum monuit: „Delete urbem Carthaginiensium!“	I	N
M. Porcius Cato putavit philosophos Graecorum mores Romanorum perdere.	V	U

LÖSUNGSWORT: __ __ __ __ __ __ __ __

Das kann ich schon!

Mit diesem Test kannst du selbst prüfen, wie sicher du den Stoff der Lektionen 21–25 beherrschst und anwenden kannst. Die Ziffern am linken Rand geben dir einen Hinweis, wo du in der Grammatik bei der entsprechenden Lektion nachschlagen kannst.
Kreuze zuerst an, wie gut du nach deiner eigenen Einschätzung die verschiedenen Anforderungen erfüllen kannst: sicher, teilweise sicher oder nicht sicher.
In der rechten Spalte sind die Übungen im Schülerband (SB) und im Arbeitsheft (AH) angegeben, mit denen du dann die jeweiligen Aufgaben gezielt bearbeiten kannst, um deine Kompetenzen zu verbessern. Viel Erfolg!

1. Sprachkompetenz

		sicher	teilweise sicher	nicht sicher	
21	Ich kann die Formen des Personalpronomens erkennen und bilden.				**SB** S. 123, Ü 1, Ü 3/S. 125, Ü 4, Ü 5 **AH** S. 76, Ü 2, Ü 3
21	Ich kann die Personalpronomina der 1., 2. und 3. Person als Handlungsträger im AcI erkennen und unterscheiden.				**SB** S. 123, Ü 2, Ü 3/ S. 125, Ü 2, Ü 4, Ü 5 **AH** S. 77, Ü 4, Ü 5
22	Ich kann die Formen von velle, nolle, malle erkennen und bilden.				**SB** S. 127, Ü 3/S. 129, Ü 4, Ü 6, Ü 8/S. 139, Ü 3 **AH** S. 79, Ü 1/S. 81, Ü 5/ S. 91, Ü 1/S. 92, Ü 3
22	Ich kann die Adjektive der 3. Deklination auf ihre lexikalische Grundform zurückführen und in einendig, zweiendig und dreiendig differenzieren.				**SB** S. 127, Ü 2/S. 129, Ü 2, Ü 7
22	Ich kenne die Gemeinsamkeiten und Unterschiede in den Kasus der Substantive und Adjektive der 3. Deklination.				**SB** S. 127, Ü 1/S. 129, Ü 8 **AH** S. 79, Ü 2/S. 80, Ü 3, Ü 4/S. 81, Ü 5, Ü 6/S. 91, Ü 2
23	Ich kann die Formen des Relativpronomens erkennen und bilden.				**SB**: S. 131, Ü 1, Ü 2/S. 133, Ü 1
23	Ich kann in einem lateinischen Satz die Beziehung eines Relativpronomens zu seinem Bezugswort erkennen und die richtige Form bilden.				**SB** S. 131, Ü 2/S. 133, Ü 3, Ü 4 **AH** S. 83, Ü 3, Ü 4/S. 87, Ü 5
24	Ich kann die Formen des Verbs im Futur I erkennen und bilden.				**SB** S. 135, Ü 1, Ü 2, Ü 3/ S. 137, Ü 2, Ü 3, Ü 4, Ü 5 **AH** S. 85, Ü 1, Ü 2/S. 86, Ü 3
25	Ich kann die Formen des Verbs im Futur II erkennen und bilden.				**SB** S. 139, Ü 1, Ü 2/S. 141, Ü 3, Ü 4, Ü 5 **AH** S. 88, Ü 1, Ü 2/S. 89, Ü 3

Selbsteinschätzung nach den Lektionen 21 – 25

2. Textkompetenz

23	Ich kann einen lateinischen Relativsatz richtig übersetzen.				**SB** S. 131, Ü 2 **AH** S. 87, Ü 5
24	Ich kann den relativen Satzanschluss erkennen und übersetzen.				**SB** S. 137, Ü 5 **AH** S. 87, Ü 5
25	Ich kann die Verwendung von Futur I und Futur II in einem lateinischen Text unterscheiden und angemessen übersetzen.				**SB** S. 141, Ü 6
	Ich kann wesentliche Aussagen eines lateinischen Textes verstehen und wiedergeben.				**SB** 125, Ü 1/S. 129, Ü 3/ S. 137, Ü 1/S. 141, Ü 1, Ü 2
	Ich kann lateinische Texte mithilfe von Konnektoren gliedern.				**SB** S. 128, Ü 1
	Ich kann wichtige Begriffe innerhalb eines Textes erläutern.				**SB** S. 125, Ü 1/S. 141, Ü 2

3. Kulturkompetenz

	Ich kann wichtige Werte und Tugenden der römischen Republik benennen und sie mit der eigenen Lebenswelt vergleichen.				**SB** S. 125, Ü 1/S. 141, Ü 1, Ü 2
	Ich kann am Beispiel antiker Persönlichkeiten die fremde und die eigene Situation reflektieren und erklären.				**SB** S. 125, Ü 1/S. 137, Ü 1/S. 141, Ü 2
	Ich kenne die wichtigsten Informationen über die drei Punischen Kriege.				**SB** S. 133, Ü 5/ **AH** S. 84, Ü 5/S. 86, Ü 4/S. 93, Ü 5

4. Methodenkompetenz

	Ich kann einige Elemente der Wortbildungslehre für die Erschließung neuer Wörter nutzen.				**SB** S. 145, Ü 1, Ü 2, Ü 3
	Ich kann aus den bekannten Vokabeln ein Sachfeld zum Thema „Krieg“ und zum Thema „Reden und Sprechen“ zusammenstellen.				**SB** S. 133, Ü 2 **AH** S. 89, Ü 4
	Ich kann das Fortleben lateinischer Vokabeln in deutschen und englischen Wörtern erkennen und mithilfe des Lateinischen die Bedeutung der deutschen und englischen Wörter erklären.				**SB** S. 129, Ü 10/S. 145, Ü 4
	Ich kann Texte anhand von Konnektoren gliedern.				**SB** S. 128, Ü 1/S. 129, Ü 2
	Ich kann das Ergebnis einer Textbearbeitung z. B. durch den Vortrag einer Übersetzung, durch eine Paraphrase oder durch eine szenische Gestaltung dokumentieren und präsentieren.				**SB** S. 137, Ü 1/S. 141, Ü 1